对话陈廷敬

陈雪　编著

中华工商联合出版社

图书在版编目（CIP）数据

对话陈廷敬 / 陈雪编著 . -- 2 版 . -- 北京：中华工商联合出版社，2018.8（2021.7 重印）

ISBN 978-7-5158-2365-2

Ⅰ . ①对… Ⅱ . ①陈… Ⅲ . ①陈廷敬（1638-1712）—传记 Ⅳ . ① K827=49

中国版本图书馆 CIP 数据核字（2018）第 133982 号

对话陈廷敬

编　　著：陈　雪
责任编辑：袁一鸣　李　瑛
装帧设计：北京东方视点数据技术有限公司
责任审读：魏鸿鸣
责任印制：迈致红
出版发行：中华工商联合出版社有限责任公司
印　　刷：唐山富达印务有限公司
版　　次：2018 年 9 月第 2 版
印　　次：2021 年 7 月第 3 次印刷
开　　本：710mm × 1020mm　1/16
字　　数：200 千字
印　　张：15
书　　号：ISBN 978-7-5158-2365-2
定　　价：78.00 元

服务热线：010-58301130
销售热线：010-58302813
地址邮编：北京市西城区西环广场 A 座
19-20 层，100044
http: //www.chgslcbs.cn
E-mail: cicap1202@sina.com（营销中心）
E-mail: gslzbs@sina.com（总编室）

陈廷敬小传

陈廷敬本名陈敬，字子端，号说岩、悦岩、月岩、午亭、半饱居士、午亭山人，生于明崇祯十二年（公元1639年），后因与一同期进士重名，为免误会频生，向皇帝请求更名，得到皇帝允许后改名为陈廷敬。

陈廷敬出生于山西省阳城县。陈氏家族世代习儒，家教严格，祖上有多人考取功名，为官扬名。陈廷敬从小耳濡目染，对求学有着强烈的渴望，三岁起在母亲的口授下学习《毛诗》和《四书》，六岁时初显天赋，十岁时令其塾师自叹不如而请辞。1651年，陈廷敬参加童子试，名列榜首，后于1657年中举人，1658年中进士，入庶吉士馆进修，学习满文。

1661年，康熙即位，见陈廷敬才学出众，于三月破格任他会试同考官，并于同年五月授他秘书院检讨之职。次年，陈廷敬因病请假回家休养，一养就是三年。在此期间，他一边养病，一边侍奉父母、研究诗作。1665年，陈廷敬回京，任原职，自此正式开始了他的仕途。

1669年，陈廷敬升为国子监司业、内弘文院侍读。次年，陈廷敬由内弘文院侍读升至内秘书院侍读，同时仍任国子监司业，又被授以奉政大夫。1671年，陈廷敬改为翰林院侍讲，转侍读，升侍院讲学士。康熙非常看重陈廷敬的为人和学识，于1672年任命陈廷敬为日讲起居注官，负责记录自己的言行起居，同时为自己答疑解惑。

1675年，在工作中兢兢业业的陈廷敬得到康熙进一步赏识，被升为经筵讲官，为康熙讲经，频频出入南书房。陈廷敬自小受儒家教育，后又喜好经学研究，常对儒家经典有高人一筹的独到见解，康熙对其所解之经颇为赞同，也对其人更加尊重，两人关系日益亲密。

陈廷敬在朝中身份地位与日俱增，却始终恪尽职守，不骄不躁，对朝臣百姓一视同仁。他品性高洁，不贪且治贪。康熙信任他，先后授他礼部侍郎、吏部左侍郎、都察院左都御史、工部尚书、户部尚书、吏部尚书等朝中要职，他均尽职尽责，公正严明，令朝中贪官无不惧怕。

在朝期间，陈廷敬奉命编纂《明史》《平定朔漠方略》《咏物诗选》等，又有多部自创著作和诗文集如《午亭文编》《丁丑诗卷》等。陈廷敬在七十岁时按照惯例，主动提出致仕申请，康熙却不予接受，以其负责的编撰工作未完成为由，继续将他留在朝中。1710年，陈廷敬奉旨主管《康熙字典》的编撰任务。

1712年，陈廷敬病情加重，同年四月，陈廷敬病逝，康熙亲赐丧银及棺木，作祭文及挽诗，并派皇子代祭。

总而言之，陈廷敬一生不曾经过太大的波折，与其为人处事的智慧不无关系。身居高职却不变初心，钻研学术却不自傲。在提及陈廷敬时，后人念及他的贡献，敬称他为“大清相国”，康熙也曾用“几近完人”来形容他。

本书将要讲述的便是这位清初传奇人物不平凡的一生，希望各位读者能够从中领悟到一些难能可贵的为人处事之道，提升个人内在和生活品质，令此生无憾。

目　录

刚正耿直，不忘初心

辇毂之下，岂容狐鼠昼行，魍魉肆虐？

——陈廷敬

一个人的人品决定了他的一生，人品佳者流芳千古，人品劣者万世骂名。世间被人歌颂者皆是人品高尚之人。陈廷敬作为清朝重臣，生前能够被两朝皇帝器重，被天下百姓敬仰，身后又能被后人赞颂不已，其原因自然与他的人品不无关联。

宣正义不畏权势

笔者问曰：生活中遇到不平事，应该怎么办？

陈廷敬答曰：兴利不如除害。

正义一词所用范围甚广，可形容人，也可形容事。当人们说一个人有正义感时，心里往往充满敬佩和赞赏。可见除了恶人，世人都是喜欢正义、希望正义存在的。但究竟何为正义，人们却众说纷纭。

关于正义，《辞海》中的解释是：“对政治、法律、道德等领域中的是非、善恶做出的肯定判断。作为道德范畴，与‘公正’同义，主要指符合一定社会道德规范的行为。人们的行为是否符合历史发展规律和最大多数人民的根本利益，是判断行为是否符合正义的客观标准。”

凡是促进人类社会进步与发展，维护公共利益和他人正当权益的行为，都是正义行为。然而在社会的发展过程中，有不少人为了一己私欲，不惜采用不正当手段，暗地使诈，伤害他人，做了许多有碍社会发展的非正义行为。

在清朝，官场黑暗，朝廷关系盘根错节，姻亲关系也非常复杂，不但存在于官员之间，还存在于官员和皇室之间。许多达官贵人一旦家中女儿到了适婚之龄，便会想方设法将其送入宫中，希望她能嫁入皇室，为自己铺一条捷径，添一份保障。一旦某一家官员的女儿嫁给了皇帝，做了嫔妃，便全家风光，身份地位都不同以往，即使再有过失，地方官看在皇帝的面子上，也会网开一面。

此外，还时有皇室女子下嫁官员之家。如此一来，朝中众臣的关系就更加复杂。在这样的局面下，很多官员在处理朝中问题时都小心翼翼。那些沾了皇亲的官员开始有恃无恐，一错再错，而负责处理他们案件的官员因为顾忌皇家颜面，明知对方有罪，也不敢轻易定罪，担心一不小心踏错，就前途尽毁，再无挽回的机会。

陈廷敬是他们当中的一个特例。在他心中，对便是对，错便是错，绝不可因私人原因更改对正义的判断和对罪恶的裁决。

他的正义不是纸上谈兵，而是切切实实地体现在了生活中的每一处。他在上任之后，一直坚持伸张正义，只要是犯错之人，无论是权贵，还是皇亲国戚，哪怕是皇帝本人，他也会明白地指出，毫不含糊。虽然他的正义使许多权贵对其恨之入骨，甚至想要他的性命，可他从来没有怕过，也没有退让过。

当全朝之人都怕得罪了当朝大臣明珠而招致杀身之祸时，只有陈廷敬一人敢向皇帝示意，明珠包庇下属，买卖官位，贪污甚重，最后使得明珠受到查办。若非陈廷敬一身正气，又有勇气，他怎会将此事上报于皇帝。要知道，明珠在朝中的地位之高，年历之久，都不是他能比拟的。即使他已经成为皇帝心中的良臣，皇帝也极有可能因为不舍旧部而视之不理，到头来，吃亏的还是他自己。

为官后期，在国库铜料亏空案中，陈廷敬也不畏强权，为了彻查此案，每日在铸币厂吃住。几经努力，陈廷敬终于找出了亏空的源头。陈廷敬的这种勇气和正义感，无论在哪个时代，都是社会最需要的品质。

想要成为一个有正义感的人，首先要为人正直，其次要养成遵守制度和规则的习惯，这样才能在任何情况下都保持一颗正直的心，行正直之事。一个正义的人不会为了自己的利益去伤害他人，侵犯他人的基本权利、名誉、财产，乃至隐私。有些事表面上看起来没有损害他人利益，但只要稍微仔细想一下，就会发现它的本质也是以损害他人利益为基础的。

水滴石穿，在人生的道路上，一个小的失误或许不足以毁掉人的一生，但若是小的失误日积月累起来，就会变成巨大的错误。我们能做的，就是不给自己任何犯错的机会，对自己严格一些，无论何时都不放任自己，这样才能保证人生的道路不会偏离正确的方向。

陈廷敬的一身正气早在参加科举考试之时便初有体现。当时，科举考试虽有严格的制度，却也不乏“黑幕”。有些富家子弟平日里贪图享乐，不用心学习，到了考试之时却希望能够金榜题名，于是其家人便会找到考官，为他们“通关节”，以便考官能在考试中多多照顾，或者在审阅考卷时手下留情。

自科举考试制度实施以来，“通关节”这种做法屡禁不止，防不胜防。宋朝为了打击这种不良行为，推出了“糊名”和“誉录”两个办法，即将所有考生的卷头都糊起来，使阅卷官无法看到考生的姓名、籍贯等信息，再派专人将考生的答卷全部重新抄写一遍，最后才进行阅卷。此时，所有的考卷笔迹相同，再想根据笔迹分辨出哪一张是谁的卷子已经不可能了。

“糊名”和“誉录”为的就是公平、公正，此举一出，“通关节”的现象果然有所减少。然而上有政策，下有对策，考官一旦收了贿赂，就总有办法找到委托人的考卷。若是有朝中高官照应，打过招呼，阅卷官更是不敢怠慢，必然要给考生高分通过。如此一来，有真才实学的人上榜的几率反而减小了。

每次科考开始前，都会有一些有钱有权之人私下为孩子“通关节”，这种事大家心照不宣，睁一只眼闭一只眼，没人去纠结和计较。大部分人就算感到不公，最多也只是在心里埋怨自己家中无财，叹口气就罢了。陈廷敬对这种现象也十分不满，但他的不满不是担心自己会因不贿赂考官而落榜，而是为其他有才学子感到可惜。

当时的陈家已是当地的望族，家境也令许多人羡慕，若是陈廷敬愿意，陈家自然可以拿出大笔银两“孝敬”考官，让他名列榜首。可是陈家乃书香门第，全家都是崇尚儒学之人，自然做不出这种同流合污的事情。陈廷敬也是如此，他宁可凭自己的实力挂在榜尾，也不愿用走偏门的方式让自己名列榜首。

榜单公布之后，陈廷敬看着许多平日学术不精之人榜上有名，而平日成绩优秀的人却榜上无名，心里很痛。他知道，这其中一定有不公平存在，无奈他手中并无证据，否则，必然要站出来，指证那些走偏门而得功名之人。他能做的，只有安慰身边没能考中的同学继续努力。待考期间，有的学子家境贫寒，无处落脚，陈廷敬便将自己的盘缠资助给他，让他有一屋可蔽寒。

生活中，我们经常会遇到或大或小的不平事，大到犯罪团伙为非作歹，小到个别品质恶劣的人当街欺凌侮辱弱小。面对不平事时，我们若是都能勇敢地站出来，帮助困难之中的人脱困，为陷入窘境之中的人解围，作恶之人也会胆怯。即使无力当面制止，在需要的时候，站出来指证他们的恶行，也好过缩在房间里，默默地指责，默默地难过。

做一个有正义感的人容易，做一个有正义感且有勇气的人不容易。当一个社会中充满了正义感十足且勇敢的人时，这个社会就自然变得更加安全，我们自身也就变得更加安全。

世人心中都有正义的种子，但却不是所有人都能够在任何场合伸张正义。在罪恶未发生之前，或已发生之后，他们都会振振有词地对当事人进行斥责，对这件事情进行谴责。可当罪恶真的发生在他们面前时，他们却只会暗暗地在心中一边谴责，一边祈祷对方能够停止，而不是挺身而出制止他们继续犯罪。

伸张正义需要的不仅是正确的道德观，更重要的是勇气。那些旁观者无论是因为对方过于强大而退缩，还是因为对方背后的势力过于强大而犹豫，简单概括，就是他们没有足够的勇气。自古以来，这样的旁观者数不胜数，而真正能够如陈廷敬一样，正义感与勇气兼备之人，却并不多。

在优越中保持节俭

笔者问曰：家境富有，是否还需要节俭度日呢？

陈廷敬答曰：起家绍业由勤俭，处事交人贵缓和。

提到“俭”字，广义的理解是“节俭”，即将节约贯彻到生活中的每一个细节，如不浪费粮食，节省不必要的开支，物尽其用方可丢等。节俭是一种美德，是中华民族的优良传统。古人云:“俭，德之共也；侈，恶之大也。”大到国家，小到个人，都需节俭。对于国家而言，节俭可以兴国；对于企业而言，节俭可以强企；对于个人而言，节俭可以修身。

帝王俭可富国强兵，帝王奢则弱兵亡国。正如李商隐在《咏史》一诗中所写:“历览前贤国与家，成由勤俭破由奢。”史上太多帝王因奢侈无度而国灭身亡，远有为博妲姬一笑而撕毁万担绢帛的商纣王，近有因食厚银之餐而激起民愤的清西太后。百姓生活尚且艰难，如置身水火，身为高高在上的一国之君，不但不体察民情，保百姓之安居乐业，反而挥霍无度，怎能不令人气愤?

为人者节俭可修身养性。自古以来，凡在事业上大有成就之人皆节俭，无论是知名商人，或是世代被人们赞颂的官员，无一不是节俭之人。正是因为能够保持生活节俭，他们才能安然于平静淡然的生活，在大起大落中保持一颗平常心，在大风大浪中安然处之，在各种利诱面前不迷失方向。

想要保持节俭的习惯并非易事，长期处于贫困之人多能节俭度日，而一旦家中暴富，他们便很难再保持一颗初心，与以往无异地生活。很多人会狂喜，而后便大幅度改变其生活方式，沉溺享乐，灯红酒绿，并美其命曰“苦尽甘来”、“守得云开见月明”。

陈廷敬祖上并非富裕之家。在陈氏家族中，始祖陈靠以牧羊耕田为生，二世祖陈林也不曾读书，直到三世祖陈秀才开始识文断字。陈靠和陈林一生节俭，积累了一定的财富，到了陈秀这一代，生活已经颇有改善。但是陈秀深知不能坐吃山空，于是他没有依赖父辈的财富，而是努力读书，力求一朝中举，光耀门楣。

陈秀是陈氏家族中第一位读书人，虽然不曾考中功名，但后期得到地方官员的赏识，被举荐给朝廷，成为了一名典史，负责收发文书，一做就是九年。在当时，有品级的官位最低为九品，典史则比九品还要低。可对于陈秀而言，这已经是莫大的荣幸，他心存感恩，任职期间兢兢业业，不但深受百姓爱戴，也得到了上级的赏识。他的上级见他为人踏实，工作认真，于是在西乡县知县之职空缺时，命他前去代理此职。

子女教育，言传身教。大多数情况下，父母的身教会比言传更为重要。父母奢侈成性，子女必然争相效仿，相互攀比，所用之物只挑贵的，不选对的。当今社会也是如此，一些孩子从小便非名牌不用，非名店不进，非高档餐厅不吃，就是因为他们的家长给他们灌输了错误的价值观，过分溺爱，以至于令他们养成了这种奢侈之风。

陈廷敬的祖上一直以身作则，物尽其用，不铺张，不浪费，是以陈家世世代代从小便养成了节俭的习惯。陈秀虽然身负官职，食朝廷俸禄，却不曾像当时多数官员一般，大鱼大肉，安享富贵，而是一如既往地保持着节俭的生活。日常的积累，加之始祖陈靠和二世祖陈林留下的财产，陈家的家财日益丰厚。

看到家境有了很大改善，陈秀的心里很是欣慰。可同时，他也有一些担忧。身为人父，都希望自己的孩子能够过上衣食无忧的生活，可陈秀也担心，若儿子们从小生长在富裕的环境中，变得贪图享受，整天沉溺于吃喝玩乐，出入歌楼酒馆，不思进取，那岂不是对不起陈家的列祖列宗。何况人无千日好，花无百日红。陈秀深知，许多富贵之家一经衰败，其子弟往往难以适应平常的生活，心生怨气，颓废低迷，自暴自弃。他决不允许自家子弟也落得如此结局。

“由俭入奢易，由奢入俭难。”思前想后，陈秀决定作诗一首，提醒儿子们用心向学，不要花天酒地，于是便有了《教子诗》。这首诗后来成为了陈家的家训，陈氏家族的所有人都以此为令，时刻谨记。

《教子诗》中有云：“起家绍业由勤俭，处事交人贵缓和。”其意提醒后人想要继承祖上基业，让家庭日益兴旺，一定要勤劳节俭，与人相处时，一定要厚道缓和。在陈家家训的教诲下，陈秀的三个孩子都十分珍惜接受教育的机会，他们自小开始饱读诗书，虽然最后没能全部考取功名，但也都成为了出类拔萃的人。长子陈珏成为了河南滑县典史，次子陈珣将家业治理得井井有条，三子陈珙则成为了优秀的商人。

人无俭不立，家无俭不旺。自陈靠起，到陈廷敬这一代已是第九代。祖先和叔伯们谨遵陈家家训，勤俭持家，使陈家的家业日益庞大，所以陈廷敬自出生到成年，从不曾体验过一丝贫苦。他身边的孩子都非常羡慕他，但陈廷敬自己却从未因此而显示出丝毫优越感。他和平常人家的孩子一样，过着平常的生活。

陈廷敬在年幼时时常听家中的长者提起陈家家史，深知陈家的富贵来之不易，他在《百鹤阡表》中写道："吾家自上世已来虽业儒，然本农家，衣食仅自给。"他时刻将祖先的教诲牢记于心，用它们来约束自己的生活，并教育自己的儿女，"清贫耐得始求官"。

节俭也是一种生活态度。生活节俭之人往往更懂得珍惜，更容易知足。这种知足并非不求上进，安于舒适，而是时刻对自己已获得的一切存有感恩之心。只有节俭的人才能时常体会到拥有的快乐。平日越是习惯了节俭，就越能明白一粥一饭来之不易，就越会懂得珍惜。反之，一旦养成了奢侈的习惯，视奢华之物为平常，就越会欲壑难填，同时越来越不珍惜身边的平常之物。

为官之后，陈廷敬依然节俭而居，将陈家的家风延续始终。在京为官 50 余年，同期为官之人早已家财万贯，金银满屋，而他却因过惯了节俭的生活，从不追求物质财富，是以待到告老还乡，清点家产时，竟然只有几间老屋，再无其他贵重物品。外人见状表示不解，他却深感知足，这也只有节俭惯了的人才会有这样良好的心态。

节俭能促使人洁身自好，不被欲望所控制，不使物质成为枷锁。追求奢侈生活是堕落的开端，一旦开始，就难有结束。对奢侈生活的欲望越强烈，越会无法满足现有状态，无法忍受自己已拥有的，进而渐渐成为物欲的奴隶，为了达到目的不择手段，不惜触犯法律，泯灭良心。

人在节俭的生活中能够变得越来越坚强。俗话说，历经百忍可成金。只有克服了对物质的欲望，才能更好地支配自己的行为，更勇敢地去面对一切艰苦的环境和各种困难。节俭是人们永葆斗志的法宝，是让人充满锐气、积极进取的重要因素。

“奢靡之始，危亡之渐。”无论对于国家的发展，还是对于家庭的发展，节俭都是必须的情怀之一。若非习惯了节俭，陈廷敬早在为官之初便大力搜刮民脂民膏，中饱私囊。若非习惯了节俭，他不会在众多生活奢靡的官员中保持清醒，一身干净。

许多人喜欢攀比，认为铺张浪费是身份地位的象征，位高权重者所穿戴之物必须件件华贵，不能像平常百姓一般简单饮食，否则就有失身份。这种心态便是造成不良风气的根源。陈廷敬认为，节俭的品质是杜绝贪污的根本。若是在朝官员个个节俭，不攀比，不浪费，朝中的腐败现象自然就会消失。

陈廷敬并非官位低微，最高时曾任宰辅，按当时人的普遍观点，位高权重之人必然着华服坐大轿，出门前呼后拥，家仆成群。而他却一直深居简出，退休后，一日，他想出门郊游，而家中并无车马，便派人向一同朝官员借车马。在托人带去的书信里，他提到，不需华丽，只要一间能容得下他和拐杖的马车便足矣。由此可见他的知足心。

古人云："良田万顷，日食三餐；广厦千间，夜眠八尺。"做人要知足，要节俭，无论家境如何，都不应在欲望中迷失本心，成为它的奴隶。将节俭的习性贯穿到生活中的每一个细节，就能看清自己要走的路，让一切顺其自然，朝着正确的方向发展。

不枉所读圣贤书

笔者问曰：如今已经没有了科举制度，读圣贤书还有什么意义呢？

陈廷敬答曰：读书立品为二事，读圣贤书当实存诸心而见之行事。

读书的意义，无非是要人知是非，懂对错，明事理，修身养性。虽然在古时，万千学子读书皆为考取功名，但若只为此，便失去了读书的根本意义。若是为求功名而导致父不慈子不孝，兄弟之间失了和气，家庭破裂，又或是为达目的不择手段，不惜走上歪路，那便是误入其途，读书的意义也就荡然无存了。

陈廷敬出身于书香世家，自三世祖陈秀起，每代都有人考取功名，入朝为官。陈家非常注重对子女的教育，孩子们也非常懂事，自识字起便开始刻苦读书，立志考取功名，光耀门楣，兴盛陈家。

陈秀善作诗文，虽然保存下来的诗作较少，且大多是散佚，但他毕竟是陈家第一位懂得作诗之人，所以在陈家的地位很高。他喜欢把对后人的教导写进诗中，除了《教子诗》外，他还作过教导后人要做清官的《南宫一枝花》等诗作。

龙生九子，各有不同。虽然陈家的孩子都很用功读书，但不是所有的孩子都有天赋考中名次，也不是所有的孩子都如三世祖陈秀一般幸运，即便不中功名，也有地方官员的赏识。

陈秀的长子陈珏有幸考中举人，出任滑县公职。陈珏之子陈天佑先中举人，后中进士，任陕西副使一职。陈天佑是陈家第一位进士，生前曾著有《容山诗集》，只可惜此集后来失传，留给后人的，只有其中“未遂持鳌意，空悬击楫心”两句。

三子陈珙屡试不中，最终放弃了科举考试，转而以经营家业为主，并将希望寄托在其子陈修身上。陈修天资聪颖，无奈多年苦读之后，也无缘于官场，最终从事了铸铁行业。许是心感有愧于父亲和祖先，陈修也将希望寄托在自己的儿子身上，时刻教育他们要以堂兄陈天佑为榜样，一定要考取功名，为陈氏这一支争光。

陈修有四子，长子陈三晋，次子陈三乐，三子陈三接，四子陈三益。除长子陈三晋官至怀仁县训导，次子陈三乐任西乡典史外，其余二子皆不曾得志。

陈三乐的长子陈经济自幼苦读，一心求功名，最后却为了代父经营家业，“辍举子业”。随后，他在家中建立了家塾，肩负起子侄辈的教育，为陈家做出了很大的贡献。在他的培养下，他的后辈都知书达理，品性高洁，兄弟和睦。

陈经济的长子陈昌言考中了进士，先后任知县、御史等官职，圆了父亲的心愿。陈廷敬的父亲陈昌期身为家中次子，见兄长外出为官，担心家中无人照顾，于是学父亲的做法，放弃了科考，将生活的重心放在了照顾家业和教育下一代上。虽然决定不问仕途，但陈昌期平日仍喜好读书，他一边照顾家业，一边继续研究《易经》《礼经》《易传》等典籍，一边借典籍中的理论教育下一代。

出身于这样的家庭，陈廷敬的文化素养自然毋庸置疑。他曾在《祖德》一诗中写道:“祖德斯文在，家传正始音。歌谣依帝日，分野直辰参。丘壑三生客，云天万里心。持螯兼击楫，佳句独长吟。”受到父亲的影响，陈廷敬从小就喜欢研究经学。他记得父亲“为学以穷经为亟，深于《易》《礼经》，尤好程子《易传》。尝言《典礼》上下篇当仿《学》《庸》，列《四子书》中”。

陈廷敬的母亲出身于官宦家庭，虽为女子，却也十分博学，知晓许多典籍名作。同时，她通晓大义，贤良淑德，陈廷敬出生后，她潜心教子，甚至比陈昌期还要严格。陈廷敬未到上学年龄，她就开始对他口传《四子书》和《毛诗》，等他到了请先生教授的年龄，她便每日点灯督促他的学习。

读圣贤书可净化人心，对于陈家这样本就品德高尚、宅心仁厚的家族来说，更能为他们锦上添花。说起陈家人的人品，皆是无可挑剔的，为官者公正廉明，百姓爱戴；持家者品德高尚，家庭和睦。

陈修是陈廷敬的五世祖，“刚毅缜密，谦恭孝友”，对己节俭却对身边需要帮助的之人“轻财好施”。邻人家中有难，他从不旁观，若是有人过世，无钱安葬，他便资助金钱；若是有人无钱春耕，他便送予粟种。向他借钱者如到期仍无力偿还，他便撕毁借据，不再提起此事。乡人们都视他为大善人。

陈三乐是陈廷敬的六世祖，其名取自《论语》中的“益者三乐，损者三乐。乐节礼乐，乐道人之善，乐多贤友。”陈三乐继承了父亲的品性，为人温和，乐善好施，常对有难之人施予援手，即使自己有难，也仍以助人为生平第一大乐事。于其而言，若是明知有人身处困境而自己不施援，定不得心安。

陈三乐平时常在自家门前的大树下摆一茶饭摊，每有赶路之人经过，他都以茶饭接济。一次，有人深夜拜访，称有急事求助。当时正值寒冬腊月，而陈三乐又身体抱恙，他的母亲劝他不要出门，然而陈三乐躺在床上，心里一直挂念求助之人，辗转反侧，最后还是拿了钱出去交给了求助之人。办完此事，他才放心地睡了。

陈经济在父亲过世后，为父亲守孝，其情可感天动地。而后，身为长子的他将家产平分给兄弟，不存一点偏私，同乡之人皆称赞他公平公正。自父亲过世后，他主动承担起照顾寡母的责任，每日早晚都会探望母亲，也被传为佳话。陈经济的人品使他在乡中获得了很高的声望，但凡乡里邻居发生争执，只要他出面，争执就能立刻平息。

陈廷敬的父亲陈昌期时常教导子侄们，“学者攻应举文字，恒视读书立品为二事，吾所以教汝曹者，以读圣贤书当实存诸心而见之行事。”陈廷敬记得父亲经常告诫他们不要死读书，而要学以致用，将所学到的知识运用到生活中，这才算得上是真的学懂了。他还清楚地记得父亲告诉他，不要只是背诵书中佳句，而是要在生活中按照圣贤书中所讲要求自励，这样才能让所学的知识真正发挥出作用。

自古便有学者提出了“知行合一”的理念，提议学子们要能够将所学知识灵活运用，将学到的做人道理切实体现在生活的点点滴滴中。学以致用，用以促学。只“知”而不行会使教育与现实脱节，只“行”而不知则会在社会中制造混乱。

《荀子》有云：“知之而不行，虽敦必困。”其意思是，“知”是为了用，只“知”而不会用，知识就没有实际意义了。就如人们口中常说的书呆子，背诵起书本上的知识能够滔滔不绝，一旦让他具体演示操作一番，他就只能张着双手不知如何是好。只有当“知”和“行”结合在一起时，人才能成长，社会才能进步。

由古至今，不乏一些表里不一之人，满口仁义道德，实则居心叵测。最明显的便是一些官场中人，整日都在强调为官需清廉，在公众场合拒收馈赠，严斥失职的下属，一转身便大开后门，将礼物和礼金收入宅府。一些官员平日里看似仁政爱民，做足了表面功夫，私下却只为自己得利，直到有朝一日被发现，才让人们大跌眼镜。这些人虽经多年苦读，最后却是枉读了圣贤书。

陈家历代都是知行合一的典范，他们不但学习了古人的优良传统，还将这些传统发扬光大，并延续给他们的下一代。他们身上所体现的，都是中华民族最宝贵的礼、义、善、仁等优良品质。这些真实的例子摆在陈廷敬面前，让他自然而然地去效仿。

陈廷敬天资聪颖，谨记父亲的教诲，思学合一。六七岁起，他开始博览群书，不断汲取其中有益的知识，充实头脑，丰富精神世界，变为己用。九岁那年，他曾作《咏牡丹》一诗，并在诗中写道：“牡丹春后开，梅花先春坼。要使物皆春，定须春恨释。”凡读过此诗之人，无不感叹他的度量。身为一名九岁孩童，便懂得劝人不要因春花将会凋零而遗憾和怨恨，而要以豁达之心面对百花盛开，可见他兼济天下之志在幼时便显现出来。

陈廷敬渐渐成长为一名博学多才，宽厚豁达，为人谦和，一表人才的年轻人。从他的为人处事上，也可看出他确是将少年时期学到的品质融入了自己的血液。由此可见，陈廷敬的确不曾辜负家人的期望，不曾辜负多年的辛勤为学，没有枉读万卷圣贤书。

时光流逝，本性不改

笔者问曰：人在达到了自己的预期目标之后，是否就不需要继续努力了？

陈廷敬答曰：不可舍弃初心，坚持本心才能终有所成。

有些人表面强悍，内心懦弱；有些人表面柔弱，内心强大。当然也有表面与内心一样强大之人，那样的人必然拥有着真性情，任凭岁月流逝，容颜发生了变化，其内心却永远如初，本性也始终不改。

都说读书人天生有一种特别的脾气，那便是倔强。即使从表面上看，许多读书人都是一副文弱书生的模样，但在他们内心深处，有着谁都不可动摇的信念和倔强。陈廷敬身为读书人，骨子里自然也有着这种倔强的性格。这种倔强与他平时温和待人并不冲突，只是在遇到一些特别的事时，这种倔强才会显现出来，比如坚持正义，勤奋向学，不屈权贵等。与其说这是倔强，到不如说他有一颗坚定的内心。

几乎每个朝代都曾出过神童，这些孩子从小就大显其天赋，幼年识字，而后饱读诗书，名篇佳句张口即出，七八岁便会吟诗作文。陈廷敬年幼时也算得上是位神童，他在《午亭文编》原序中提及，“吾六七岁以塾师受句读，……家故多书，……乃尽发其新旧书得纵焉。”九岁时，陈廷敬的塾师王先生向陈廷敬的父亲提出辞呈，称陈廷敬“大异人”，学问已超出平常儿童，他已无力再教。

清朝的考试制度十分复杂，学子需先通过童子试，然后是所在县的县试和府试，之后还要通过院试、乡试，再之后才是会试和殿试。一朝不中，则要等上三年之后才能复考。即便考中，也要等上三年才能参加更高一级的考试。陈廷敬十四岁与父亲一同参加童子试，父子二人一同通过，成为秀才，一时被传作佳话。然而之后的乡试，他却初试不利，落了榜。

失败乃人之常事，即使圣人也有尽力而不成事之时。此时重要的是对待失败的态度。心绪浮躁，没有耐心之人，一遇失败就会情绪暴躁，难以再次投入其中。特别是那种内心高傲，自恃精英之人，一旦失败，更是抱怨连连，甚至一蹶不振。陈廷敬虽然从小天赋极佳，在人们的赞扬声中长大，但他并不骄傲，也不自负。乡试失败后，他没有灰心，而是稳定心神，回家复读，三年后再参加考试，果然得中举人。

按照惯例，每三年一科会试，即中举之后必须等待三年才可参加会试。然而陈廷敬运气比较好，当时顺治帝刚刚登基，急需招纳天下英才，便将会试的时间临时改为连年会试，并在会试之外增设了恩科。陈廷敬中举之后，立刻参加了会试，并且在此次会试中排名三甲第一百九十五名，成为进士。

在清朝，考中进士便可为官。然而，却不是所有进士都能一跃而为官，除考中一甲的三名可直接入翰林院外，二甲和三甲进士中的一部分会被授予知县、主事等低等官职，还有一部分则会以庶吉士的身份被招入庶常馆。

庶吉士不是官职，从其性质上看，更像是一种学生的身份。庶吉士算得上是预备翰林，被选为庶吉士之人需在翰林院庶常馆中学习三年，期间无职权和俸禄，且有严格的学习制度和固定的学习内容。三年后进行考试，通过者方可被授予官位。

庶常馆中规矩多，课业重，每天清晨便要入馆，直到申时才可离开。庶常馆中的课程包括熟读背诵六经，外加古文、唐诗等，此外还有文史要学。庶吉士们需“每月作课四篇，文二，诗二”，完不成者皆要受到处罚。所以，一些进士宁愿直接任一小官，也不愿再去苦读三年。当然，也有一部分进士乐于为庶吉士，毕竟只要再花三年的时间，就可以到达翰林之位，那可是知县之类的官职不可比拟的。

顺治帝从二甲和三甲进士中挑出三十二人，宣布他们为庶吉士，陈廷敬的名字也在其中。当时，陈廷敬还叫陈敬，巧的是，名单中一共有两位陈敬，除了未更名的陈廷敬外，还有一位通州人士陈敬，由于同名，事后引发了不少的误会。

在庶常馆学习的日子很枯燥，各种规矩也让许多学生感到无趣，于是不时有人偷懒。陈廷敬却从未有过松懈，他一直刻苦钻研诗、文、经，并在这些领域里初显才华，引起了老师们的注意，也得到了顺治帝的青睐。

无论在何时何地，好马都需伯乐相。对于一位有才华的学子来说，生于明君之世，受到明君的赏识是万幸。反之，若是生于乱世，或昏君在位，才华必然无处施展。顺治帝爱才心切，时常到庶常馆中检查庶吉士们的学习，当他发现出类拔萃的陈廷敬后，对其赞赏有加，于是时常与陈廷敬探讨学术，并关心其生活。陈廷敬不卑不亢，对答如流，更是博得了顺治帝的好感。

通州的那位陈敬虽与当时的陈廷敬同名，又是同学，学风却不佳，不但学习成绩不好，心态也不好，在受到顺治帝处罚后索性自暴自弃，全无心思读书。顺治帝起初只是罚他一年“廪银”（即生活费），见他第二年仍无悔意，便将他革退了。

顺治帝刚颁布对通州陈敬“罚俸一年”的处罚令后不久，与陈廷敬熟悉的人自然知道受处罚之人不是他，而另一些与陈廷敬不熟悉的人则误以为是他受了处分，见面之后，语言上难免有些冲撞或轻视。为了避免更多的麻烦，陈廷敬便上书顺治帝，请求顺治帝允许他更名为“廷敬”。

改了名字，本性却没有丝毫改变，仍是勤学苦学之人。按惯例，庶吉士需学满三年方可参加名为“散馆”的考试，由于陈廷敬表现出众，还未参加散馆，便做了会试同考官。在庶常馆的日子里，他修身养性，刻苦钻研，学术方面有了飞跃性的进步。参加会试时，他在三百四十三名进士中仅排三甲第一百九十五名，而散馆考试时，他却考出了第一名的好成绩，荣升翰林院学士。

在清朝，一些学子把学习当成进入官场的敲门砖，并以进入仕途为求学的终点，为官之后便不再苦学，转攻逢迎献媚，或索性得过且过。陈廷敬却不同，他进入仕途之后仍治力于研究学问，不曾有半点松懈。当同期为官者将心思都放在如何升官发财上，忙着结党营私，讨好上级时，他的心思仍然在治学上。

历史上，像陈廷敬这般当官后还能保持初心，不在浮华中迷失自我的人实属少数。为官数十年，他的官位一升再升，无论身居何职，都能够保持一颗平常心，在其位，尽其责，不因升官而喜出望外，也不因身份地位的变化而放弃自己最初的目标。陈廷敬的这股韧劲让许多同僚深感钦佩。他去世之后，大学士李光地为他写了一篇墓志铭，其中也提及他“仕宦五十余年，不离文字之职”。

虽然陈廷敬在文章中称自己“吾学亦屡变也”，然而总结他的一生，就能发现他这一辈子都不曾与做学问绝缘。无论从事诗学、文学，或是道学研究，他都没有离开过经学的根本。包括后来从政时坚持的“以民为本”，也是以经学为基础的。待到康熙继位时，陈廷敬已是朝中著名的经学家，他在经学上的造诣令全朝刮目相看。康熙正是看中了他的这一点，才会格外器重他，尊重他，时时向他请教，“恩宠至渥”。

倔强是一种脾气。生活中，倔强的人往往更容易成功，其原因就在于他们能够坚持，无视外界的干扰和他人的干涉，无论别人说什么，环境如何，他们都会坚持下去。古今中外，几乎所有成功的人都是倔强的，经过重重失败仍坚持实验的科学家是倔强的，受过无数次伤仍然坚持训练的运动员是倔强的，他们的倔强使他们坚持不懈地努力，最后取得了成功。

交友最重志同道合

笔者问曰：在生活中，是不是交的朋友越多越好?

陈廷敬答曰：不愿妄从流俗交游。

我们所在的社会是由人组成的。置身于社会中，没有一个人可以不与其他任何人发生联系，孤身一人走完一生。平日里，我们会因为不同的原因接触到许多人，在工作中接触到伙伴和竞争对手，在生活中接触到有关或无关的人，我们面对这些人时，会微笑，会有礼貌，但总是难以真正敞开心扉。

忙碌的生活和繁重的工作让人们需要朋友，希望自己遇到困难的时候，能够有人在身边帮一下忙，伸一次援手；心中苦恼时，能够有人在身边提醒安慰，帮自己分忧；就算这些都没有，至少还有人能够听一听自己心声，分享自己的心事，这样自己就不再是孤单的。

朋友在人际关系中是一个特殊的类别，他们与我们没有血缘关系，但是却能给我们一种亲切和舒适的感觉。同他们在一起时，我们是快乐的，自在的，心情愉快而放松。随着时间的流逝，时代的变化，朋友的种类也变得丰富多样，但无论在哪一个时代，人们对于心中最理想的朋友的定义，都是能够与自己进行精神上的交流，是与自己志同道合的那些人。

人们需要朋友，但在这个世界中，不是遇到的任何人都能成为朋友。建立在利益关系之上的朋友，一旦利益解除，朋友关系也就随之结束；建立在酒肉桌上的朋友，只有在纵情享乐的时候才会互称朋友，一旦我们遇到困难，他们就会立刻远离；只有和我们兴趣相投，并且真正懂我们的心思，理解我们，能够与我们产生精神上共鸣的人，才是朋友的最佳人选。

人以类聚，物以群分。对于陈廷敬来说，能称得上好友的人，都是能够与他在学术上有所交流之人。刚入京赶考时，一些富家子弟听闻他家境殷实，认为他也应该是那种喜欢吃喝玩乐、花天酒地的纨绔子弟，便试图叫他一起去喝酒听曲，谁知陈廷敬每次都对他们的邀请无动于衷。后来，甚至连看都不看他们一眼。那些富家子弟觉得无趣，也就不再邀请他了。

后来入了庶常馆，陈廷敬也保持了自己一贯的态度，刻苦学习，从不懈怠。期间，陈廷敬结识了同期状元孙承恩、探花吴国对等人，他对这些同窗的才学非常钦佩，同窗们对他也非常欣赏，于是很快便成为了好友。

孙承恩出身于书香世家，他的祖父孙森曾中举人，后任高州府同知；伯父孙朝肃和孙朝让都曾是明朝进士，并曾入朝为官。吴国对是“海内名宿”，年轻气盛，文采出众，擅长诗文，尤善楚辞和汉赋，且对古文研究颇深，顺治帝对他也是青睐有加。

与陈廷敬同期被授予庶吉士的熊赐履早年丧父，母亲一人将他抚养成人。他勤奋苦读，23 岁考中进士，入翰林院学习，不出一年，因考试优等，提前被授予翰林院检讨。康熙继位后，他先入翰林弘文院做了侍读，十年后因“素有才能，居官清慎”而被康熙帝赐为武英殿大学士。64 岁时，熊赐履还被赐予东阁大学士之位，任《平定朔漠方略》和《明史》总裁官。

熊赐履在经学方面颇有研究，陈廷敬的兴趣恰好也在于此，于是二人平日经常在一起交流心得体会，互相学习。经常和他们在一起探讨经学的还有同为庶吉士的李天馥。都说“三人行必有我师”，他们三位聚在一起，虽说不上谁是谁的老师，但三人在经学方面都取得了很大的进步。

除了和同期的同学们一起学习，陈廷敬也不是一点闲暇时间都没有。据他自己回忆：“顺治中，廷敬在翰林。大宗伯端毅公龚公以能诗接后进。先生与今宰相李公天馥、今户部侍郎新城王公士祯、吏部郎中颍州刘公体仁、监察御史董公文骥及海内名能诗之士先后来会顾。予亦以诗受知龚公，日与诸子相见于词场。”

陈廷敬口中的龚公便是明末清初的文学家龚鼎孳，此人少年早慧，十二三岁便会做文，八股文、诗赋古文，样样在行。龚鼎孳于明朝年间考中进士，后清兵入关，龚鼎孳迎降，被封为吏科给事中，迁太常寺少卿，刑部右侍郎、都察院左都御使等。龚鼎孳才华横溢，提笔成文，且文章充满感情，吴梅村曾评价其诗文“其恻怛真挚，见之篇什者，百世下读之应为感动”。

陈廷敬口中的先生则是与侯方域、魏禧并称为“明末清初散文三大家”的汪琬。汪琬是明末清初著名的官吏学者和散文家，有《陈处士墓表》《尧峰山庄记》等代表作。此人坦率直白，胸有城府，不以为官升迁为喜，只好读书问学。康熙帝十分欣赏他，称他：“尝与近臣论本朝文学砥行之儒，首称数先生。”

人们常说，朋友是一面镜子，看一个人交的朋友是哪类人，就可知这个人是哪类人，此话不假。陈廷敬所交的这些朋友都是学识出众的人，是善文学、懂经学的正直之人，由此可见，他本人也是这样的人。

康熙四年（1665年）到康熙十二年（1673年）期间，陈廷敬任翰林院检讨，工作相对清闲，于是闲暇时，他便以写诗为乐，并时常与当时的一些著名诗人相聚，请大家指点一二。他的《说岩诗选》便创于这一时间段，并被收入到了由王士祯编辑的《八家诗选》中。

同为《八家诗选》诗作者的施闰章在作《翰林院侍讲学士曹公顾庵墓志铭》时提到，陈廷敬曾时常与沈荃、宋琬、王士禄等人聚会，几人在一起相谈甚欢，且每次聚会都会有新诗诞生。

子曰：“益者三乐，损者三乐。乐节礼乐，乐道人之善，乐多贤友，益矣。”都说真正的朋友之间感情最为朴实，彼此相知、彼此认可、彼此仰慕、彼此欣赏。只有这样，相聚时才会真正感受到快乐。陈廷敬与他的这些朋友在一起时，便是如此。都是爱好文学之人，都是为了创作更多优秀诗作而相聚，彼此之间没有一点功利的因素，自然可达此心境。

交友是件严肃的事情，若是交友不慎，与奸佞之人为伍，即使起初心地纯洁，最终也会被他们引入歧途，失去本心，犯下过错。到了那一天再后悔，一切都晚矣。所以，一定要选择与正直的人为友。

道不同，不相为谋。陈廷敬不喜结交，只是不喜结交那些居心叵测之人，不愿多涉是非，更不愿加入到朋党之争中。对于朝中的朋党之争，他淡然视之，洁身自好，无人能够拉拢他。纵使有人在他身边说些其他人的是非，他也不予理会，只从客观的角度去审时度势，观察此人是否真的有罪过。

陈廷敬并非不关心朝政，恰恰相反，他关心朝中事，也关心天下事。只是他知道，朋党之争其实毫无意义，不但不能从根本上解决朝中问题，还会导致朝局不定，引出更大的麻烦。他也知道，身陷朋党之争会分散精力，令自己没有时间去思考真正重要的问题，没有时间去研究经学，如此一来便无力辅佐朝政，造福天下。

陈廷敬在朝中任要职时不曾结过朋党，是康熙帝特别信任他的一个原因。朝中官员，一旦结党营私，就会官官相护，包庇同党之过，而陈廷敬始终洁身自好，不结朋党，包庇之事自然就不会发生。因此，他也就能够更加清醒地面对一切，在皇帝需要的时候给出客观冷静的建议。

有些朋友结交不易，之后还需要花费大量的时间和精力去维护，这样的朋友，不算是真的朋友。正如一些官员在位时门庭若市，经常被人们前呼后拥，一旦从官位上退下来就再无人理睬，过得冷清，心里好生不自在。再看老年时的陈廷敬，“守官奉职，退辄闭门，不愿妄从流俗交游，朝士多不识其面”，与年轻时无异，过得反而安心自在。

朋友并不是越多越好。每个人的精力有限，花太多时间和精力去与不同的人周旋，看似交到了朋友，其实也不过是多了一个相熟的人而已。除非是志同道合之人，否则无论一开始投入多少心血，一旦中间有所中断，无法维系往来，情分也就断了。

现在的人经常强调“多个朋友多条路”，认为多交各种各样的朋友，开展事业时就会容易得多。其实怀揣这种心思交下的朋友并不能算是真的朋友，最多算得上是折子戏里的一个配角，一场戏落幕，就很难再见。真正的朋友是相互信任的，能够对彼此生活产生积极的影响，能在对方有难时，自发地、奋不顾身地去帮助。这样的朋友不需多，几个足矣。

用心做人，踏实做事

虑万年毋狃于旦夕，成大事毋见于小利。

——陈廷敬

人活一世，想成功不易。很多人为了出人头地，不惜放弃安定的生活和平静的内心，剑走偏锋，托关系，走捷径，最后却仍一无所得。其实，与其埋怨世道的不公，埋怨自己的运气不好，不如像陈廷敬一样，用心做人，踏实做事，以平常心看待名和利，这样反而更容易取得成功。

谦逊谨慎不骄傲

笔者问曰：拥有他人没有的天分是否能成为骄傲的资本？

陈廷敬答曰：为人当谦逊，否则易招损。

谦逊是一种做人的态度。无论自己多出色、多有才华，都不应自满、高傲、目空一切，而是应该怀有一种谦逊的心，时刻意识到自己还有不足，并且时时向身边的人学习，这样才能不断取得进步，成长为更加优秀的人。反之，则难以接受他人的意见和新的事物，无法得到提升和成长。古人云：“满招损，谦受益。”说的便是这个道理。

“损”的意思为损害。自满的人学到一点知识，就认为自己已经通晓全部，再没有其他方面值得自己学习，从而不能让自己在此领域更加深入，得到更多发展，这是其一。自满的人总认为世上只有自己才是最优秀的人，于是目中无人，对身边的人颐指气使，诸多挑剔，招来他人的厌恶，这是其二。

“益”的意思为有益。谦逊的人总有无穷的求知欲，对于世上所有知识都乐于学习和接受，于是他们学到的知识会越来越多，个人能力也会不断提升。此外，谦逊的人由于怀有谦逊之心，待人和气，即使是身份地位底于自己的人，他们也不会看轻对方，还会“不耻下问”，使身边的人都喜欢他。

古今中外，凡是有大成就之人，几乎皆是谦逊之人，陈廷敬也不例外。正因如此，他才能从小时候的“神童”成长为青年才俊，成为康熙帝最敬仰的老师，最后成为受人尊重的大学士。

陈廷敬的聪慧为太多人有目共睹，教书先生甚至因自己才学不足以教他而主动请辞，可见他当时的天分有多高。换作其他人，或许已沾沾自喜，恃才傲物，放心地去玩耍了，可是陈廷敬却没有。他没有因此轻视学习，也没有因此对自己有所放松。更可贵的是，他没有因此得意忘形，失了谦逊。

历史上历朝历代都出过神童，然而并不是所有神童最后都能够成才成名，也不是所有神童都能够一帆风顺。究其原因，家庭因素固然重要，比如方仲永因其父不明理，拉着他表演挣钱，使他错过了学习的最佳时期，最后白白浪费了天赋。还有一个主要的原因在于孩子自身，有的孩子在赞扬声中变得自负，以为自己不需用功便能高人一等，不再用功学习，还有的孩子忽略了世人都会遇到失败和挫折，稍有打击就一蹶不振，自暴自弃。

宋朝的柳永出身官宦之家，自小聪慧，诗词典故一教便通，读过几遍即能背诵。乡邻皆称他是“神童”，认为这孩子长大之后必然能够考得功名，入朝为官，为柳家光宗耀祖。他的父亲也非常高兴，更加重视对他的教育，并时时提醒他长大后一定要入仕。柳永也很听父亲的话，用心学习，不曾放松。

柳永十三岁那年，他的父亲突然去世，这让柳永深受打击。少了父亲的教诲和提点，柳永的心态渐渐发生了变化，他开始出入秦楼楚馆，所创作的诗词也开始偏向于伶工之词，虽然词句优美，可是缺少深度。青楼女子对他诗词的称赞让他有些忘乎所以，他以为凭自己的才华一定能够一举考中，却没想到初考失利。

对于任何人来说，失败都不是一件愉快的事。但有些人会从失败中总结教训，用心弥补其中的不足，然后重新再来；有些人则只会报怨、不甘，将失败的原因归结于种种外在因素，唯独不反省自己的不足。很明显，柳永属于后者。这是他人生中第一次失败，他一向自恃高傲，难以接受这个现实，为了缓解心中的忧愁，他将自己推入温柔乡，在那些女子们的劝慰声中寻找安慰。

柳永会有这样的举动，也正是因为他的自负。自负的人总会对事情的发展盲目乐观，认为凡是自己想做的事就必然能够成功。自负的人总是不愿面对失败，不肯相信其原因在于自己能力的不足，而是将责任推到其他人身上，认为是别人不懂欣赏，是其他人嫉妒自己、陷害自己等等。所以柳永才会认为自己的落榜是因为朝廷不懂赏识真才学，不是自己才华不足。

在温柔乡舒缓了多日的情绪，柳永的心情才得以好转，准备迎接下一轮考试。历代考生备考之时都非常艰苦，娱乐活动一概取消，整日都闭门不出，苦读典籍，不分昼夜，即便出门，也只是为了向著名学者请教。可是柳永却没有这样做，他仍然自负，虽然会复习功课，但同时也没停止与青楼女子们的来往。由于不够用心，他的第二次考试也失败了。

相比于柳永的自负，陈廷敬在次考试失利时能够积极反省，用心查缺补漏，终于顺利通过了第二次考试。子曰："三人行，必有我师焉；择其善者而从之，其不善者而改之。"孔子被人们称为孔圣人，仍然以一颗谦逊之心，时时想着以身边人为师，向身边人学习，可见谦逊对于学习的重要性。在学习的过程中，最忌讳的就是自负。一个自负的人就像一个灌满水泥的杯子，难以再装进其他东西。对于这样的人来说，想要学习新的知识是完全不可能的，因为在他们心中，自己已经拥有了全部，再不需要其他人的教导了。

自负不但会阻碍人在学术方面的进步，也会影响德行的提升。忠言逆耳，自负之人听到忠言劝告，不但不会感激，反而会认为对方嫉妒自己，故意鸡蛋里面挑骨头，贬低自己的身份。谦逊之人则不然，对于别人的劝告，会虚心聆听，有则改之，无则加勉。

老子说"汝惟不矜，天下莫与汝争能；汝惟不伐，天下莫与汝争功"，又说"自是者不彰；自伐者无功；自矜者不长"。其意在于告诫人们，做人要谦逊谨慎，不要自我吹嘘，骄傲自满，不肯听别人的意见。自以为是的人往往没办法声名远扬，总是自我夸耀的人最后没办法真正取得功劳，总是自以为高大的人没办法得到人们的尊重。自恃过高、自以为是的人在遇到问题时，容易判断不清事情的真相，导致最后的失败。只有谦逊才能使人站得稳，走得稳，走向成功。

大禹能够被人们称为贤君，其原因之一也是由于他为人谦逊，肯听他人的良言劝告。早在尧帝时期，大禹就因成功治理了水灾而深受尧帝的欣赏和百姓的爱戴，但是大禹并没有因此而骄傲，时常对人说，所有人的长处都值得他学习。等到他自己为帝后，也保持了这样的谦逊态度，每当有人向他进谏有益于民的建议，他都会非常高兴，并且向对方拜谢。自古君王高高在上，对身份地位格外看重，即使有下属献上良策，大多也不过是重金打赏。而大禹却能走下宝座，诚心向献策之人拜谢，足以看得出他是位谦逊的君王。

大禹为帝后，以先帝所划分的诸侯国为基础，又增设了多个诸侯国。在祭祀典礼上，他表明自己日后会将皇位传贤不传亲，并说“兹查群臣中惟皋陶老成圣智，夙著功德，今谨荐于皇天，祈皇天允许，降以休征，不胜盼祷之至”。可是众诸侯听完，心里都不太相信他，也不愿服从他的统治。大禹得知诸侯们的不满后，诚心反省了自己的做为，最后将诸侯们召集于涂山，召开了“涂山大会”。

大禹在“涂山大会”上向各位诸侯声明，他深知自己德才不足以服众，将大家召集于此，为的是希望大家能够对他进行劝诫，指出他的不足，让他能够改正以往的错误。他说，自己将骄傲视为最不应有的性格，但不知自己是否真的做到了，若是有做得不好的地方，希望大家当面指出，他必然会虚心接受。诸侯们被大禹的德行所感动，再也没有对他有任何不服之心。

现在的人小时候都听过龟兔赛跑的故事，都知道这个故事的意义在于告诉人们，一旦自负，无论拥有多么强大的优势和天赋，最后也可能失败。然而随着年龄的增长，经验的增加，有些人便渐渐忘记了这一定律，或者忽略了这一定律。正如民间流传的一句话，叫“淹死会水的”，许多水性很好的人最后会被淹死，正是因为他们过于自负，过于大意，忽略了各种意外的存在，最后才酿成不可挽回的悲剧。

贾思伯曾说：“骄至便衰。”《汉书·魏相传》中有云：“恃国家之大，矜人民之众，欲见威于敌者，谓之骄兵，兵骄者灭。”做人需要谦逊，做事更需要谦逊。骄傲自负之人，总认为自己很了不起，在做事时不肯听从别人的意见，在用人时看不到他人的优点，最后导致人心尽散，自食恶果。待到他真的需要帮助时，也没有人会愿意出手搭救。

谦逊不是表面上的卑微，口是心非的敷衍，而是一种内在的修养。在生活中，应切记谦逊使人进步之理，避免骄矜之气的产生，在生活中与人相处和睦，这样便可使自己不断取得进步。

为人沉稳不冲动

笔者问曰：遇到非常令人愤怒的事应该怎么办？

陈廷敬答曰：为人处事当以稳字为先。

在古代的官员里，有一人的人生轨迹与陈廷敬非常相似，而结局却大不相同，此人便是晏殊。晏殊与陈廷敬一样，自小被人们视为“神童”，加之他天资聪慧，又好学，五岁时便已能独自创作诗词。对于周围人的赞美，晏殊也没有放在心上，仍然保持着谦逊有礼、踏实好学的态度，认真学习，充实自己。

陈廷敬在历次考试中几乎都是一帆风顺，而且他的运气比较好，刚通过乡试，就遇上朝廷增加的恩科会试，并且一举考中。在这一方面，晏殊的经历也与他很相似，不过晏殊的运气比他还要好，在张知白的推荐下，直接进入了殿试，也是一举通过。

两人都曾受先皇赏识，也都曾任帝师，一心辅佐皇帝，得到皇帝的信赖和器重，也对皇帝产生了深远的影响。然而后来，晏殊却因过于耿直冲撞了太后，又因一时冲动伤人，使太后有了处置他的理由。

《晏殊传》中记载：“迁右谏议大夫兼侍读学士，太后谓东宫旧臣，恩不称，加给事中。预修《真宗实录》。进礼部侍郎，拜枢密副使。上疏论张耆不可为枢密使，忤太后旨。坐从幸玉清昭应宫从者持笏后至，殊怒，以笏撞之折齿，御史弹奏，罢知宣州。”

太后为了报恩，本想授予一位恩人张耆武官的最高军衔，晏殊得知此人对军事一窍不通，便上书直言反对，此事让太后深感不悦，可太后也知晏殊是为了朝廷着想，所以只能暂忍下心里的不痛快。偏偏在这时，晏殊的一位下属官员因为跟着皇帝驾临玉清昭应宫，错过了约定好的时间，来得晚了些，晏殊一气之下，便将此人手中的笏板夺过，用笏板狠狠地打了他一顿。

笏板，又称手板、玉板或朝板，分别用玉、象牙或竹制成。现在的人在开会时都会拿一个本子，上面写着会议上要说的话，要讲的事，会议开始后，还会在本子上记下会议的主要内容或者重要信息。古代没有本子，在清朝以前，笏板便是官员们用来记录重要内容的物品。

不同官员手中的笏板材质各有不同，唐代武德四年（621年）以后，五品官以上执象牙笏，六品以下官员执竹木笏。无论象牙笏或是竹木笏，用来打人都会造成很严重的后果，被晏殊用笏板痛打的官员牙齿被打断，有御史看到这一幕，便将此事上报给了朝廷。

礼部是掌管礼仪礼教之事，晏殊身为礼部侍郎、枢密副使，竟然因一件小事动手痛打下属官员，并且将对方打伤，有失德行，于是先被贬宣州太守，后被调往应天府做知府。

有人认为晏殊被贬一事的主要原因在于他驳了太后的意思，但试想，太后虽身份高贵，却也不能仅凭自己的好恶处置一名贤臣，若不是他打伤了人，太后又有什么理由可以处置他？所以归根结底，真正导致晏殊被贬的原因，还是他的冲动。

冲动是人性之中的弱点，容易冲动的人极容易失去理智，在不知不觉中将自己推入危险的境地。社会上有太多人都是因为没能控制住自己的冲动，最后犯下无法弥补的大错。

中国有句老话："忍一时风平浪静，退一步海阔天空。"其目的就是告诉人们不要冲动行事。冲动并不能真正解决问题，反而会把事情变得更糟。就以晏殊这件事情为例，且不论晏殊当时为何如此冲动，若是他当时性情能够随和一些，脾气能够收敛一些，对迟到的官员宽容一些，也不至于被太后抓住把柄。

容易冲动的人是无法在官场中站稳脚跟的。陈廷敬为官五十多年，仕途中虽然没有大的波澜，但所经历的风风雨雨也必不会少。身为汉人，能够在满人主导的朝廷中屹立多年不倒，其原因之一也是他的沉稳和隐忍。他在两党相争时没有站到任何一党，也没有与人发生过任何冲突，从来只是别人找他的麻烦，他则从来不会找别人的麻烦。

若是性格冲动之人，遇到别人挑衅，不等对方表现得多么激烈，自己就先被愤怒冲昏了头脑而乱了阵脚。此时再不需对方多么用心筹谋，只要轻轻一带，就会自动掉进对方设下的陷阱。而陈廷敬却格外理智、冷静，不易冲动，所以一些别有用心之人面对他时束手无策，找不到可以将他拉下马的办法。

一个人是否足够冷静，还可通过一件事情看出，那便是受了委屈如何处置。一个沉稳冷静的人，即使受了天大的委屈也能保持镇静，不轻举妄动。陈廷敬当初被张汧案牵累时，他心中的委屈岂是一星半点？对于一个视清廉为生命的人来讲，被人冤枉收受贿赂，这种委屈之大不是一般人能够忍受的。可他却没有争辩，也没有抱怨，只写下一篇奏章，表达了自己的忠心和清白，便再没有其他动作了。

康熙是了解他的，所以自然相信他，体谅他的委屈，即使他休官赋闲，仍然对他关爱有加，并且一有机会就将他调回原职。

同样是受了委屈，柳永却用了不一样的方式，于是导致了不一样的结局。相比于陈廷敬，柳永所受的委屈显得微不足道，只不过科举未中，他便写下一首言词激烈的《鹤冲天》，以一种看似淡泊名利的语言抒发自己满腹的怨气，结果差一点葬送了自己的前途。

陈廷敬十七岁时也曾在乡试中失利，未能中举。他当时的反应很平静，回到潞安府学和家中继续安心读书，三年后再考，便中了。从此事的结果可以看出，这三年里，陈廷敬必然是将心思都用在了读书上，若是他也如柳永一般因一次失败便自暴自弃，自哀自怜，也就不会有之后的陈廷敬了。

想当年，柳永也是当地人眼中的“神童”。由于从小生活在人们的称赞声中，他的心气渐渐地高了起来，认为“失败”二字必定与自己无关。所以当他第一次考试未中之后，没有反省自己的不足，心里有的只有不服气，认为是皇帝不识才。

第一次落榜后，柳永写下了一首《如鱼水》。他在词里写道:“浮名利，拟拚休。是非莫挂心头。富贵岂由人，时会高志须酬。莫闲愁。共绿蚁、红粉相尤。向绣幄，醉倚芳姿睡，算除此外何求。”表面看去他对名利并不在意，而事实上，正是因为他在意，才会如此不甘心。

第一次的失败让柳永更加沉迷于舞榭歌台、酒楼妓馆，为的是在那里寻求安慰。他知道，那里的女子会欣赏他，称赞他，让他的心里好过许多。酒醉歌迷之中，他安慰自己，一定是皇帝失了慧眼，看漏了他这样一位才俊。流连于秦楼楚馆之中数日，他终于恢复了往日的自信，等待下一轮考试。但由于没有好的心态，柳永第二次考试也失败了。这一次他更怒了，挥笔写下了那首著名的《鹤冲天》。

“黄金榜上，偶失龙头望。明代暂遗贤，如何向。未遂风云便，争不恣狂荡。何须论得丧？才子词人，自是白衣卿相。烟花巷陌，依约丹青屏障。幸有意中人，堪寻访。且恁偎红倚翠，风流事，平生畅。青春都一饷。忍把浮名，换了浅斟低唱！”柳永写下这首词时只是一时冲动，等到怒气再次被温柔乡驱散，他便又恢复了风流才子的本性。他万万没有想到的是，他的这首《鹤冲天》在民间传诵甚广，最后传到了宋仁宗的耳朵里。

帝王最忌讳被人称作昏君，见竟然有人这样公然写词讽刺自己，宋仁宗的心里一阵愤怒。他想，好一个目空一切、妄自尊大之人，就这样，柳永上了宋仁宗的黑名单。而柳永对此事完全不知情，隔了三年又去参加科考。

这一次，柳永终于考中了，可是宋仁宗一看到他的名字，就想起当初他讽刺自己是“昏君”之事。确定此人就是当年那个柳永后，宋仁宗抬笔便在中榜名册上勾掉了柳永的名字，并批注道:“且去浅斟低唱，何要浮名！”于是，柳永成为了“奉旨填词”的柳三变，直到他年近五十，宋仁宗才体恤他的才华，赐他进士身份，并给了他一个官职。

只为一时泄愤，便失去了半生的仕途。对于柳永来说，他完全想不明白为何事情会变得如此，他认为自己这是真性情，释放了便罢了，时间一久自己都不记得，却不知这种冲动会对别人造成怎样深刻且长远的影响。如果他也能学会陈廷敬那般的沉稳冷静，或许就不需要坐那么多年的冷板凳了。

所以说，沉稳冷静是成功者必备的素质之一。不冲动，才不至于把属于自己的机会推开到远处。

急功近利易伤人

笔者问曰：怎样才能最快达成心中的目标？

陈廷敬答曰：成大事毋见于小利。

农历马年时曾流行一组图画，分别是在马的身上画上两沓人民币、一对象、一枚写有“車”的象棋、一幢房子之类，以此寓意“马上有钱”“马上有对象”“马上有车”“马上有房”等等。一时间，“马上有……”成了人们拜年时最喜欢听到的拜年话，各商家也开始制作“马上有……”系列的玩偶和摆设，这些东西都广受消费者们的喜爱。

从文学角度来看，“马上有……”是一种借物抒怀的文体，而从社会学的角度去看，这也表现出人们一种焦躁的心态。也许是生活节奏越来越快，让人们感到时间紧迫，从而越来越没有耐心，总是希望什么东西都能够“马上”拥有，但事实上，这种焦躁不安的心态对人们的生活并没有好处。

自古以来，成大事者都需有耐心和恒心，不贪图眼前的利益，才能有长远的发展。急功近利容易使人走上歧途，虽然能够在短时间内获得较大的利益，一旦事情败露，不但得到的会失去，而且还会失去更多。更何况，很多时候，怀着急功近利之心所做的事不过是揠苗助长的行为，表面上看似乎取得了成效，而事实上却什么都得不到，还会毁坏原有的基础。

陈廷敬为官五十多年，不但没有犯下一点过错，还能在最后被康熙称为“几近完人”，其原因之一便是他从不急功近利。

观其一生，此人为人谨慎有耐心，做事规矩细心，并且在他心中，功利一事向来是最微不足道的。对于这样一个人来说，自然不可能与急功近利之行为有关联。

陈廷敬自小刻苦学习，虽然依家训而视入仕途为目标，但他并不是为了让自己的身份变得高贵，也不是为了有机会大肆敛财，而是为了能够光耀门楣，不负祖先之期望，此乃孝心使然。此外，他还希望能够像伯父一样帮助百姓，成为一名好官，这是他接受多年儒家教育而产生的利民思想。

在当时，急功近利者即便求学读书，心里也不踏实安分，他们从不愿花费大量时间打牢基础，而是利用一些小聪明，临时抱佛脚，或是买通考试相关官员，套取考题来背。还有些人家则采用更加直接的方式，为求金榜题名而贿赂考官。陈廷敬家境殷实，却从未考虑过这方面的事情。对他而言，读书是知识积累的过程，也是提升自己思想的方式，没有任何捷径可走。

在朝中，一些官员为了巩固自己的地位，会极力讨好朝中要员以及皇帝身边的红人，希望对方能够帮自己在皇帝面前美言几句，以助自己快些升官发财。对于一些新进官员来说，朝中官员众多，若是自己不努力争取出头的机会，皇帝不知要过多少年才会注意到自己，所以他们也将心思用在了讨好上级和当红官员上。

事实上，官员们的巴结讨好虽能起到一定的作用，但作用并不大，特别是当皇帝是位明君时，这种行为就更没什么意义了。皇帝需要的是能够为朝廷做贡献的官员，若是没有才能，即使有机会在他人的推荐下身居要职，也无法尽到相应的职责，最终还是会被降职处罚。所以与其走捷径，不如先提升个人的素质。是金子总会发光，让自己具备了足够的能力和素质，并在所处之职上做出一番成就，如此，想不被人注意也难了。

做人就当脚踏实地，根据自己的能力选择相应的位置。有上进心是好事，但所谓上进心，是以自己尚未达到的标准为目标，并为之努力，而不是一心觊觎自己无力承担其责之位，想方设法通过不正当的手段去夺取。

为官之后的陈廷敬没有试图采用任何捷径，他能引起顺治皇帝的注意，完全是凭借他的才学。面对顺治的提问，他总能对答如流，并给出独到见解，让顺治眼前一亮，对他自然也就刮目相看了。

官员一旦急功近利，就容易不顾大局和社会的长远发展，劳民伤财，大做面子工程，伤了百姓的心，也伤了国之根本。一些官员为了讨上级欢心，剥削百姓，大肆敛财，用民脂民膏为上级购买稀世珍宝，以博上级一笑；一些官员得知上级下来视察，便对百姓三令五申，命他们营造出一种人民安居乐业、社会富饶安定的假象，令百姓苦不堪言。

急功近利是导致许多犯罪行为的主要原因。大到官员们为了尽快变得富有而收受贿赂，不分是非黑白，帮助恶人洗脱罪名，为了拥有自己想要得到的东西，以权谋私，成了贪官；小到普通人为了尽快拥有大笔财富，进行抢劫、偷窃和欺诈。

急功近利的人是难以得到幸福的，因为他们的心里有太多不切实际的欲望，太多不符合社会发展的期望，所以他们想要的、希望的都很难得到。由于期望过高，而且想要以最快的速度达成期望，一旦达不到期望，得不到想要的结果，这些人就会变得更加焦躁和愤怒，以至于铤而走险，将自己逼上绝路。

成年人的急功近利之心也会对孩子们产生影响，家长不顾孩子的实际水平，不体谅孩子的能力，一味要求孩子考高分，要求孩子在各项比赛中脱颖而出。孩子面对巨大的压力，不知如何对待，只好在考试中作弊。这对孩子的成长百害而无一利。

陈廷敬曾说："至于世道休明之日，人心联合之时，正当大有为之际，必有纪纲宏远之规模，为社稷灵长之大计，虑万年毋狃于旦夕，成大事毋见于小利。此又忧盛危明，防于未睽之道也。"急功近利之人因为只看眼前，不做长远考虑，所以往往更容易失败。

公元1409年6月，明永乐皇帝朱棣派丘福率精骑十万前去讨伐谋叛的鞑靼主本雅失里。朱棣了解丘福的为人，骁勇善战而计谋不足，于是他再三叮嘱丘福，敌人狡诈，切不可急于进攻，一定要小心谨慎，以免中对方的埋伏。丘福接下了圣旨，然而一开始作战便将朱棣的叮嘱忘到了脑后，特别是在连败鞑靼两支部队后，丘福认为对方已经无力还战，更加急于一举成功。然而当他率兵进入鞑靼腹地后，鞑靼大军突然杀了过来，将明军打得落花流水。最后，丘福战死沙场。

丘福命丧鞑靼，便是因为他既轻敌，又急功近利。若不是他太急于取得功绩回朝复命，而是多研究一下之前的两场胜利中是否有漏洞，进而制订严密的作战计划，也不会中了敌人的圈套，直接进入敌人的埋伏圈。

做人、做事，都要有一种不急功近利的良好心态。做人不急功近利，就不容易被人利用，不容易掉入别人设下的陷阱。做事不急功近利，按部就班，就能避免在事情的小环节出现漏洞，将整件事情做到最好。古今中外的科学家、学者们之所以取得成功，正是因为他们有耐心、有恒心，从不急功近利，所以才能取得最后的成就。陈廷敬也是如此，否则便不能在七十岁高龄时带领众人编纂出《康熙字典》。

在翰林院多年，陈廷敬已从事过不少古籍的编纂工作，《世祖章皇帝实录》《明史》《圣训》等书都出自他手。编纂之事十分枯燥，需要整日坐于案前，面对大量文字，翻阅大量书籍，一字一句都不得有差错。幸而陈廷敬心静如水，一丝不苟。如今，由他编纂的《太宗文皇帝实录》和《世祖章皇帝实录》等纪实性书籍都成为了当今学者们用于研究清史的重要文献参考。

康熙四十九年（1710年），皇帝命令张玉书和陈廷敬共同领导翰林院众人编纂《康熙字典》。编纂字典比编纂书籍还要困难，编纂者首先要有足够扎实的文字基础，其次必须有足够的耐心和细心，对以往的字典进行逐一校对，整理，填充，最后才能编成一本新的字典。这项工作对已入高龄的陈廷敬而言已非常辛苦，不料第二年，张玉书病逝，陈廷敬只得独挑大梁，带领三十多名翰林继续从事字典的编纂工作。

生活中，人们常用“罗马非一天建成”“心急吃不了热豆腐”之类的话去劝导他人有耐心，而事情一旦发生在自己身上，关乎到自己的利益，却又往往会忽略这一点。

欲速则不达。很多时候，人们越想快些完成一件事，结果却越不如他们所希望的那么好。陈廷敬却稳扎稳打，以《字汇》和《正字通》为基础，用心整理修订，最终完成了《康熙字典》，共收录了四万七千多字。

古之立大事者，都是先明白自己要走的路在哪里，然后一步一个脚印，向着目标前进。急功近利是成功的绊脚石。想要成功，就必须要有持之以恒的心态，做好打持久战的思想准备，从根本上提升自己的能力，每一步都稳扎稳打，如此才可真正走向成功。

天分和汗水都不可少

笔者问曰：天赋和后天的努力哪一个更重要？

陈廷敬答曰：天资可助学，然努力亦不可松懈。

有人说，成功需要百分之一的灵感和百分之九十九的汗水。一个人在学术方面能够取得成就，与他的天资聪颖自然有重要关系，但除此之外，每天的努力更为重要。学习是一件需要持之以恒的事情，想要学有所成，必须好学、勤学，每一天都不放松，这样才能不断让学到的知识得到巩固，对其印象更深刻，理解更透彻。

天分和努力缺一不可，自古以来，所有成功的学者、文学家、思想家等，无一不是自小聪慧，并且之后不断努力汲取知识，提升自己的能力，才有了最终的成就。他们的这种天分和孜孜不倦的努力，与他们个人有关，也与他们的家庭有关。虽然后天的营养、环境、教育等都会对孩子的智力和学习态度产生一定的影响，但有一种影响却可以凌驾于这些影响之上，那便是父母的影响。

陈家自三世祖陈秀起开始“以儒为业”，渐渐便由务农之家变为了书香世家。陈家极其重视子女的教育，让孩子们从小识字，而后习读儒家经典书籍。其目的一方面是为了增加孩子的文化底蕴，另一方面也是为了培养孩子的道德品质。

人们常说，相比于父亲，母亲的言行容易对儿子产生更强烈的影响，导致儿子在思想和习惯上和母亲更相像。对于陈廷敬来说，似乎确实如此。他自己也曾在母亲去世后对同僚说：“廷敬兢兢守官，幸而得荷上异恩，微吾母教不及此！”

陈廷敬的母亲张氏是官宦人家之女，祖父是明朝进士，父亲是举人。张家也是书香门第，是以张氏能够自小受到良好的教育。张氏自幼聪明好学，深得父亲的喜爱，于是将许多东西都教给她。张氏虽不比陈昌期那般博学，但在当时的女子中已是非常难得。她从小在父亲的教授下学习四子、《通鉴》、《列女传》等书，熟读几遍之后便均能背诵，并且对其中的含意都能够理解，令她的父亲十分欣喜。

清朝对女子的教育主要是针对于妇德的培养。在当时，女子即便读书，大多也不过是些《女训》《列女传》之类规范女子品德行为的书。而且一但有了婚约，这些学习便要终止，改为学习女红、“饮食烹饪之事”、持家之道等。待到嫁人之后，便要将生活的重心放在家庭上，操持家事，侍奉公婆，教育子女，至于学习则成为了最没有必要的事情。

嫁入陈家后，张氏如其他女子一般开始专心操持家务，侍奉公婆，但同时她却没有扔下学习之事，一有空闲时间，就会拿书来读。陈廷敬出生后，家中需要忙碌的事情更多了，但这也没有影响她对学习的热爱。年幼时，她便已能用易懂的语言将所学经典向旁人讲述，如今有了儿子，她便时常向儿子渗透各种经典和诗书，给陈廷敬打下了扎实的基础。

父母对子女的教育，除了言传，还有身教。张氏对陈廷敬要求严格，每日都为陈廷敬讲书，并要求他记住，这是言传。同时，她也坚持着读书的习惯，在教子的同时也让自己接受教育，这便是身教。言传和身教并行，更加深了陈廷敬对读书的热情。陈廷敬三岁起学习《毛诗》和《四书》，诵读数遍即能背诵，令人连连惊叹“此乃神童”。

在明末清初，一些富贵人家常常会在家中设立家塾，将教书先生请到家中，同时对家族之中多名孩子进行教学。这种家塾一般情况下不收外人，除非是与其交好多年的世家，或是特别亲密的朋友，普通人家的孩子是进不得家塾的。

陈家也设有家塾，陈廷敬的祖父陈经济就曾为了兼顾家业，不得已放弃考取功名，承担起家塾之事，教子侄们读书。陈昌期和陈昌言兄弟二人的早期教育便是在陈经济眼前完成的。待到兄弟二人长大后，陈昌言先考取了功名，外出为官。陈昌期见大哥离家，担心家中无人照顾，便效仿了父亲陈经济的行为，为了兼顾家业而放弃考取功名。自此，兄弟二人一人在外为天下百姓奔波劳苦，一人在内打理陈家各种事宜。

陈昌言长期在外为官，廉洁奉公，勤于从政，深受百姓爱戴。然而由于过于投入工作，少有回家，也无暇顾及子女的教育，让他多少有些惋惜。幸好，家中有陈昌期在，陈昌期将兄长的子女接到已所，一并照顾和教育。为使他们成才，他不遗余力，起初他为孩子们请了私塾先生，后先生辞职，他便亲自将经学典籍和诗书教给孩子们。

陈廷敬六岁那年开始与兄长一起跟家里的私塾先生学习古文。对于其他人家的孩子来说，学习古文非常枯燥无趣，难以专注，陈家两兄弟却都非常喜欢古文，常主动向先生请教，先生见了，心里非常欣慰。陈廷敬七岁时初次接触到理学，兴趣萌生，便立志以薛瑄为目标，学习更加刻苦。

在阅读古人所著经典时，陈廷敬看到了他们兼济天下之心，深受触动，于是他在九岁时写下了“牡丹后春开，梅花先春坼。要使物皆春，定须春根释”四句诗。先生读过之后颇为震惊，对于这个年龄的孩子来说，能够有如此的文采已经不易，而陈廷敬不但有文采，还有胸怀，这些令先生感到自己无法再承担教育他的重任。

在古代，“小时了了，大未必佳”的人不记其数。北宋王安石的那篇《伤仲永》讲述的便是一个“神童”陨落的案例。一个孩子从“邑人奇之”到“泯然众人矣”，之间不过数年的时间。只因那几年恰好是一个孩子学习的最佳年龄，而其父母却没有意识到这一点，让孩子凭着天赋去挣钱，结果顾此失彼，反而浪费了孩子的天赋，耽误了孩子的一生。

陈昌期受过教育，自然不会像方仲永的父亲那样目光短浅。先生辞职了，孩子的教育却不能就此耽搁。陈昌期又拜访了当地几位先生，可是对方听说要教的学生是陈廷敬，纷纷推辞，称自己能力不足，不敢误了孩子的前程。最后，陈昌期只得亲自肩负起孩子的教育。

在当时，一些人读书只为做官，一旦意识到自己与仕途无缘，便会放弃学业，转而从商或其他。陈昌期却没有这样做，虽然已经从科举之路上退下多年，而且每天都要处理非常繁重的家事，但自小好学的他仍然坚持研习学问，并积累下了深厚的学问功底，在当地颇有盛名。

《三字经》中有云：“子不教，父之过。”在过去，父亲在子女的教育中总是占有重要地位。为了让孩子们成长为德才兼备的有用之才，陈昌期对子侄们非常严格，孩子们“言动略有过错”，就会遭到狠狠的责备。对于其他年幼的孩子来说，这种严格的教育一定会令他们感到不愉快，然而陈廷敬并没有这样的感觉，反而十分感谢父亲的严格教育。

在陈廷敬心中，虽然父亲的严厉有时也会让他敬畏，但他知道，父亲是爱他们的。何况，他继承了陈家人对学习的热爱，身体里流淌着陈家人勤奋好学的血液，所以他并不以读书为苦，反以读书为乐。

同样是学习，对于生性好学之人和生性厌学之人，意义则不同。好学之人会将学习当成一种快乐的体验，厌学之人会将学习视为一种痛苦的折磨。陈廷敬显然属于前者。他在知识的海洋中畅游，努力让自己向更远的地方游去。虽然海洋广阔无垠，可他却能看到对岸的光，那光便是促使他不断前进的最大动力。

陈昌期和张氏对待学习的态度都对陈廷敬起到了积极的影响。他们给予了陈廷敬天赋，也给予了他孜孜不倦的精神。在天赋和努力下，陈廷敬 14 岁考过了童子试，成了秀才，20 岁时考中了举人，21 岁考中了进士。

如果将求学当作一场比赛，那么天赋只能决定人们的起点在哪里，而努力却能决定人们最终能够取得的成就。学无止境，没有终点，即使起点非常靠前，若不肯努力拼搏，跑出很短的距离后便停下脚步，又或是漫不经心地边走边消遣，也许短时间内仍能名列前茅，但早晚会被那些坚持不懈的人超越。正如人们都听过的龟兔赛跑的故事，那些拥有天赋却不肯努力的人，就是那只睡觉的兔子。

清朝能人辈出，陈廷敬的一生，若是有过一丝松懈，便很可能落后于人，埋没在众多青年才俊之中。所以进入翰林院庶常馆后，陈廷敬仍然将全部精力投入在学习中。虽然为人低调，可是他优异的成绩还是引起了顺治皇帝的注意，常常对他高看一眼。

在这世上，有许多人拥有别人不曾有的天赋，导致他们在学习某一种技能时会比其他人容易得多。这种天赋是一种优势，却不是万能的资本。如果不加以后天的努力，天赋也会一天天消退，最后从这个人的身上消失。与其浪费那种难得的天赋，不如努力将这种天赋发扬光大，虽不求以此让世人都高看自己一眼，但至少可以让自己在老去的时候不后悔，求得一心安。

文雅才子不显风流

笔者问曰：杰出的才华是否可为任性妄为的资本？

陈廷敬答曰：当守礼法，省己过，正己身。

人们对陈廷敬的了解大多在于他为人正直，低调沉稳；为官清正廉明，一心为国，以民为本；为学兢兢业业，对经学研究颇多，并有独到的见解，却很少有人注意到他在文学方面的造诣。陈廷敬一生创作的诗作约有两千六百七十首，以台阁体诗为主，其诗文形式“典雅工丽”，用“才子”来形容他，不足为过。

每每提及“才子”，大多数人心中便会联想到“风流才子”

一词，认为才子皆风流，或是随性洒脱之人，不被传统思想约束，是以破陈出新，写出惊世之作；或是情感丰富之人，易与红颜成知己，经历数段感情，写下动人的爱情诗句；或是心思细腻之人，善于观察和发现，是以字里行间总渗透出无尽的情怀。其实不然，那些敏感而多情、洒脱不羁的性格特点，只属于那些纯粹的文人，至于陈廷敬这般的才子则要另当别论。

人们喜欢给才子冠以风流之缀，是因为世间才子大多浪漫多情，一生之中不是有一两个红颜知己，便是有数段感情。比如柳永曾时常出入秦楼楚馆，视那些风尘女子与自己为同命相怜之人，并将自己与三位红颜知己的生活写进了一首《西江月》，自言“调笑师师最惯，香香暗地情多，冬冬与我煞脾和，独自窝盘三个”。

宋代词人姜夔曾爱过一名琵琶女，只不过一面之缘，他便对她难以自拔，而后每天都去她的船上听她弹曲吟唱，并为她写了不少的词曲，那首《醉吟商小品》便是其中之一。姜夔用“一点芳心休诉，琵琶解语”来形容琵琶女在他心中的地位，可见他对琵琶女用情之深。然而最后，他却不得不离开她，这让他的心里分外悲伤。自此之后，他便不断为琵琶女作诗，诗中充满相思情。

陈廷敬才华出众，自然算得上才子一名，可在他的生活中，感情所占的分量却非常轻。他的感情，对朝廷的忠占了大半，然后是对百姓的仁爱、对社会的关注，对亲友的珍惜。至于儿女私情，人们翻遍了有关他的记载和他所作的诗词，却什么都没找到。

陈廷敬所作诗词的内容主要有对政治民生的关心，对亲人的思念，对朋友的劝慰和鼓励，对家乡的热爱，以及写景咏物。其文则主要以学术、政事中的一点或几点为主题，并对这些主题进行详细的讨论和分析。除此之外，陈廷敬还写过不少记叙文和借景抒情的散文，有时还会以文明志。

历史上与陈廷敬相似的才子，范仲淹算得上一位。不过范仲淹没有陈廷敬那般好运，虽出生于官宦之家，然父亲于他两岁时突然病逝，他的母亲为了生存，只得带他改嫁。从此，范仲淹过上了寄人篱下的生活，直到二十三岁，他得知了自己的身世，于是离家求学，进入了应天府戚同文门下。

范仲淹经过多年苦读，不但学识方面有了极大进步，思想上也发生了很大变化。在应天府的日子里，他有机会接触到儒家经典，并开始有了兼济天下的情怀。四年后，范仲淹终于考取了进士，当上了官。虽然官职不高，但他视百姓为亲人，一心为百姓办好事、办实事，很快得到了百姓的拥护和上级的赏识。

范仲淹能够被后人称为北宋前朝著名的文学家，其文学创作自是不少。范仲淹的作品多为诗歌和散文，偶有词作。在他的诗中，人们读不到儿女私情，读不到风花雪月，却能读到许多对国家的担忧和对百姓的关怀。此外，他还写过一些描绘自然风景或借物抒情的诗。在创作散文时，他则多以国家兴衰、社会风俗等为主旨。

若说范仲淹最能表明心意的两句，莫过于他在《岳阳楼记》中写下的“先天下之忧而忧，后天下之乐而乐”。范仲淹一生以天下苍生的幸福为己任，他关心百姓疾苦，也关心塞外的将士。在朝堂之中时，他担心外面的百姓和将士，被放逐在外时，他又担心朝中的皇帝和时局变化，正如他所写：“居庙堂之高则忧其民，处江湖之远则忧其君。”

范仲淹那种“居庙堂之高则忧其民”的感情，陈廷敬也有。虽久居朝中，生活安定，陈廷敬也从未忽略远在边疆的将士和战事。听闻北征噶尔丹的军队取得了胜利，他欣喜不已，一口气写下《北征大捷功成振旅凯歌二十首》，以表自己心中的激动和感慨。这虽是一组歌功颂德的诗，但就陈廷敬的本性来看，他本不是喜好阿谀奉承之人，所以他能接连写下二十首歌颂此战之诗，足以见得他是真心为胜利感到高兴。

风流不仅体现在儿女情长，也体现在为人洒脱放荡不羁。比如李白追求自由，喜欢四处游览名山大川，又好饮酒，酒后虽诗成数百篇，却言行轻狂。

任翰林期间，李白时常饮酒至大醉，幸而唐玄宗喜好他的才华，亦了解他酒后文如泉涌，故对他网开一面。一次，唐玄宗李隆基命酩酊大醉的李白为杨贵妃写乐词，不想李白挥笔便是数十篇，且篇篇精彩。李隆基大悦，赐李白新衣，李白没有马上谢恩更衣，却抬起脚，让高力士为他脱靴。

高力士曾因保护皇帝李隆基而立下大功，又因协助李隆基平定韦皇后和太平公主之乱而成为皇帝面前的红人，在朝中地位不凡，所有官员见到他即使不巴结，也都毕恭毕敬，李白却敢让他脱靴，足以见得李白不畏权贵，任性轻狂。高力士当着皇帝的面不好发作，只好蹲下身为李白脱靴，但他的心里却对李白产生了恨意。于是不久之后，他找到一个机会，狠狠地报复了李白一番，令李白很长时间内都无法升迁。

李白的轻狂与生俱来，即使没有醉酒，他也从来不把权贵放在眼中。在他的性格中有一股侠客的气质，也有一种道家的思想，所以他才会在《梦游天姥吟留别》中写道：“世间行乐亦如此，古来万事东流水。别君去兮何时还？且放白鹿青崖间，须行即骑访名山。安能摧眉折腰事权贵，使我不得开心颜！”

再观陈廷敬的一生，规规矩矩，从未有过冒失，也没有过放纵。偶尔他也会约上几位好友饮酒作诗，但从不贪杯。他所作诗词与他本人一样中规中矩，虽然有些词在形式上也有与李白诗词的相似之处，但终究内容不同，所表达的情感也不同。

提到洒脱不羁，除了李白这种无视权贵，放肆饮酒，四处游历的洒脱，还有另一种洒脱不羁，那便是无视外在，不顾礼节，王安石便是这类人的代表。据《宋史》中记载，王安石“性不好华腴，自奉至俭，或衣垢不浣，面垢不洗”，不但不会像其他才子一般焚香沐浴，平日竟然连衣服都很少更换。

对于王安石而言，外表没有任何意义，内在的真才实学才是最重要的。他在生活中不拘小节，在个人形象上极其对付，一件衣服可以穿上数月。他的朋友曾在他沐浴时偷将他的脏衣服换成干净衣服，他沐浴过后拿起来便穿上，而且穿了很久都没有发现身上的衣服与自己脱下的并不相同。

王安石有一次彻夜苦读，读得太累了，便直接俯案而睡。第二天醒来，时间已经不早了，他想起自己本该去拜见韩琦，于是没加梳洗整理便匆忙出了门。韩琦见到他衣衫不整，误会他前夜流连于烟花之地，狠狠训斥了他一番。直到很久之后，韩琦了解了王安石其人，才知道自己当初误会了他。

从文学素养和内在性格上看，陈廷敬与王安石确有些相同之处，例如二人平时都爱好钻研学问，不喜逢迎，不爱应酬，只与品性高洁的人来往，不贪婪，不爱名利等，但在平日生活习惯上，二人却有很大出入。陈廷敬虽然提倡节俭，不讲排场，不喜奢华，但他仍然很注重仪表和礼节，不许自己穿着狼狈地出门。

若是将才子进行详细划分，陈廷敬应属那种文雅才子。他恪守礼教道德，崇尚儒家思想，才华出众，却从不涉风尘，不放纵自我。在陈廷敬的生命中，守礼是一件大事，父母过世时，他按礼守孝三年，暂时中断了自己的仕途。在庶常馆的日子里，身边人时常外出饮酒作乐，他从未参与，一心求学。为官之后，其他官员相互宴请，饮美酒，赏歌舞，他也从未参与。无论是年少还是成年之后，风流二字都从未与他沾过边。

陈廷敬为人处事时刻遵守规矩，一丝不苟，虽不刻意逢迎上级，却也从未忽略级别之分。他对人以礼相待，以身作则，率先做到了懂礼守礼。正因如此，之后在建议康熙以礼治国时，康熙才会更加赞同他的建议。

一心为国，兢兢业业

礼本天下之至严，用之各得其分，则至和。

——陈廷敬

天下君王都希望身边能有忠于自己，且能为自己出谋划策的高人。康熙很幸运，他遇到了陈廷敬，一个集丰厚学识与高尚品德于一身的人。事实上，陈廷敬对康熙的忠心，同时也是对百姓的忠心。陈廷敬所做的一切，都是因为他心系天下，希望国泰民安，是以他会专心辅佐康熙，忠言进谏，鞠躬尽瘁，死而后已。

身正方可为人师

笔者问曰：为人师者当如何做才能让学生信服？

陈廷敬答曰：为人师表，当先正己，才能正人。

自古手握皇权者都多疑，他们一边希望有能人助自己一臂之力，帮自己清理掉统治道路上的重重障碍；一边时刻提防着对方，担心其有一天功高盖主，夺了自己的威严，又或是仗着手中的兵权谋反。皇帝的心是多变的，所以世上才会流行一句话，叫“伴君如伴虎”。在皇帝身边做事，得心应手时固然风光，可也不知何时就会招来杀身之祸。

帝王皆有疑心，这与他们的身份有关。有太多人想要成为拥有大权，身居万人之上、号令天下的君王，这些人中有一些是皇亲国戚，有一些是奸佞之臣，有一些是外族藩王，还有一些是皇帝的至亲手足或儿子。整天处于这样的环境中，也难怪皇帝很难对身边的人产生百分之百的信任。

若是有人能让一位皇帝打心底里信任，这个人必然不是凡人。从夏商到清朝，细数历朝历代的朝廷重臣，能让皇帝真心信赖的人不多，陈廷敬算得上是其中一个。

提及陈廷敬与康熙的关系，可以说是亦师亦友。对于康熙而言，陈廷敬不但是他的老师，更是他的朋友，是他最可信赖的人。康熙年间曾涌现过不少名臣，然而到最后，曾权倾朝野的明珠被削权罢相，四朝辅臣索尼之子索额图也身死囹圄……在名臣之中，陈廷敬得以善终。在他去世后，康熙还为他作挽诗一首，祭文三篇。

康熙的童年比较坎坷，他登基时尚且是个孩子，因为担心他不能服众，顺治临终前任命索尼、苏克萨哈、遏必隆和鳌拜四位大臣为康熙的辅佐大臣，以保朝政稳固。四位大臣当即领命，并表了忠心，却不想年复一年，鳌拜手中的权势日渐增长，与遏必隆结成党羽，结党营私，越发看不起康熙这个少年皇帝。康熙对鳌拜本是尊重的，遇事也肯虚心向他请教，可是随着鳌拜越来越专横跋扈，且不知悔改，他的心里也开始对这位三朝重臣有了戒心。

索尼身为清朝开国功臣，先后辅佐了四位皇帝，其忠心自然无须质疑。然而由于年老体衰，身为首辅的他在许多方面都心有余而力不足，对于鳌拜的所作所为也无力制止。苏克萨哈的官阶在四位之中属最低，对鳌拜的行为虽然愤怒，却也无可奈何。鳌拜索性先发制人，因为私事强行矫旨将苏克萨哈及其子孙全部处死，并没收其全部家产，这件事彻底引发了康熙对鳌拜的强烈不满。

康熙十四岁亲政，之后便开始计划除去鳌拜。康熙用了两年进行冷静沉着的部署，并对一群孩子进行武术方面的训练，最终利用这群孩子将鳌拜制服，并将其终身监禁。至于鳌拜的其他党羽，也都给予了相应的惩罚，令他们不敢再犯。处理好这一切之后，康熙做出一个决定，开设经筵，请翰林院的院士们入朝为其讲解儒家经学。

经筵起源于汉唐，是一种为君王所设的御前讲席，宋朝时正式命名为经筵。清朝的经筵一般由翰林院的院士担任讲官，对皇帝进行经史的讲解，以提高皇帝的学识和修养。顺治尚未驾崩前，便有设经筵的打算，然而由于身体病弱，此事就耽搁了下来。等到顺治驾崩，康熙继位后，鳌拜等人又对康熙进行了诸多阻碍，使其一直没有机会学习儒家经典，这对于年幼好学的康熙来说，无疑是一大憾事。

少时便经历了重重困难和坎坷，康熙的心智已然比其他同龄孩子成熟了许多。虽然此时他对儒家经典了解甚少，但却能意识到学好儒家经典有益于他治理天下。除去鳌拜后的第二年，康熙立刻响应了大臣的建议，开设了经筵，举办了经筵大典。

康熙十年（1671 年），十八岁的康熙皇帝终于迎来了自己求学路上的第一课，之后又安排了日讲，每日讲官三人，由翰林院的掌院学士以及侍读学士担任。此时，三十四岁的陈廷敬刚升为翰林院的侍讲学士，尚未入经筵讲官之列。

对于康熙而言，经筵讲官一职并非任何人都可担任，担此职者需每日与他相对，为他讲经，与他探讨学问，并不时参与到政事的讨论中。在自小少得父母疼爱又少有玩伴的康熙心中，经筵讲官的身份不仅是教他学识的老师，也是能与他谈心，进行深层交流的朋友和兄长。如此一来，他对经筵讲官的要求就更加严格，不但要有深厚的学识，人品也必须优良。

设立经筵讲官后，好学的康熙还设立了起居注官，此官的职责看似简单，只要记录康熙每日的言行即可，实则不然。康熙设起居注官，一方面是为了记录自己的言行以自省，另一方面是为了能有更多的机会进行学习，所以担任起居注官的人都由日讲官兼任，并且每天都由满汉两名日讲官交替担任。如此一来，康熙每日从早到晚，遇到问题随时都能够与身边人商量，得到解答。

近朱者赤，近墨者黑。每日能有学识出众之人相随，能够随时与其交流学问，在学问上的成就自然就增长得非常快。康熙十一年（1672 年），陈廷敬开始担任日讲起居注官，自此之后，陈廷敬与康熙的师徒缘分便开始了。

起居注官一职令陈廷敬有机会与康熙接近，也令他对这位年轻的皇帝多了许多了解。他发现，康熙不像其他朝代的一些帝王，只是偶尔兴起时才叫讲官进宫走个过场，装模作样地听一会儿，事实上却什么都没有听进去，令经筵形同虚设。陈廷敬在康熙身边的每一时每一刻，都感到了这位小皇帝对学问的渴望和对治世的用心，这令他很感动。

所有老师都喜欢聪慧好学的学生，并且会不自觉地对这样的学生多一些关爱和照顾，希望看到他们获得更大的进步。陈廷敬本身就是儒家学说的遵循者和推崇者，又加上多年在经学方面的研究，对经学已有极深的领悟，并且发自内心希望有人能将经学传承下去，发扬光大。平日里，身边的好学之人与他研究经学，他都会耐心讲解。如今，能当上皇帝的老师，陈廷敬在感到荣幸的同时，也萌生了更重的责任感。

陈廷敬初为日讲起居注官那一年，康熙经过了一年的学习，在经学上已有了很大的进步。康熙的天资聪慧和勤奋好学都令陈廷敬打心底里喜爱上了他，自然也就愿意将自己全部的学问都传授给他。在教学的过程中，陈廷敬毫无保留地展露出了自己的才华，这才华令康熙钦佩不已，更加视他为难得的良师。

一个不遗余力地用心教，一个如饥似渴地用心学，这样的氛围无疑是最好的学习氛围。陈廷敬在教学时充满了耐心，他不但对典籍进行仔细的讲解，还结合已有的历史对典籍中的主张进行说明和诠释，以便康熙能够更好地理解和运用。对于陈廷敬的每一个讲解，康熙都非常用心地去倾听，去理解。看到康熙专注的眼神，陈廷敬更加充满动力，教学的热情也更高。

老师的职责不但要教书，而且要育人。陈廷敬的德行无可挑剔，这本身就是最好的育人方式。康熙时常与他在一起，自然也从他的身上学到了许多珍贵的品质。世人常说，康熙能够成为一代明君，其中主要的因素，是与陈廷敬学习了许多经学知识，其实，这其中还有一个更重要的因素，那便是陈廷敬在为人处世方面对他的熏陶。

陈廷敬为人公正，是非分明。无论康熙多么器重他，他都保持着低调的态度，安分守己，从不逾越界线，更不以此为炫耀的资本。在生活中，他没有因为康熙对他的信赖以权谋私，狐假虎威。他为人谦逊有礼，对待所有人都是一副君子做派，从来没表现过自己高人一等的架子。在指导康熙时，他一向就事论事，从不自恃过高，所以康熙对于他的进谏都乐于采纳。

康熙虽为一国之君，却也是一名十几岁的孩子，所以陈廷敬对康熙虽一直行君臣之礼，但在他的心中，也会不时将康熙作为一个孩子来爱护和关心。对待康熙他会时而严格，时而亲切。无论陈廷敬在康熙面前表现出何种态度，他的心中一直都有一份真诚的关怀，他是真心想要辅佐这位少年天子从政为民，为国效力。

陈廷敬与康熙在外是君臣，在内则是亲友。康熙幼年丧父，又曾经历过辅政大臣的背叛，缺少关爱和温暖。从年龄上看，陈廷敬可为康熙之父；从人品上看，陈廷敬可为康熙之榜样。陈廷敬满腹才学，人品俱佳，他的一举一动，一言一行，都为康熙起了表率作用，令康熙感到可亲可敬，康熙对他产生超出君臣的亲切感也就不足为奇了。

平生自守冰渊志

笔者问曰：社会地位的提升是否意味着自己高人一等？

陈廷敬答曰：守得初心不曾改，名利皆浮云。

对于身份地位的意义，不同人有不同的看法。宋、元、明、清皆有因身居高职，自恃狂妄，为所欲为，最后令自己失去所有，不得善终之人。有人身为几朝元老，位高权重，蒙皇帝厚爱，赏赐无数，却还是贪得无厌，最后晚节不保。有人深得皇帝赏识，不停升迁，却将皇帝的厚爱视作理所应当，于是有恃无恐，肆意妄为，蛮横霸道，为祸苍生。

由古至今，身份和地位都是令许多人痴迷的东西。虽然它们只是一个虚无的头衔，却能让人们因此获得好处，过上不一样的生活。于是在生活中，人们常对那些象征身份和地位的事物趋之若鹜，为了拥有身份和地位而付出大量心血。

身份和地位是否真的那么重要？对于一些人来说是的，对于另一些人来说则不是。在陈廷敬的心中，身份和地位都只是转瞬即逝的浮华，远不及满腹真才实学重要。身份和地位对他唯一的意义，是能够为他提供更高一层的平台，以助他实现自己的理想抱负。

日讲起居注官的身份使陈廷敬有机会与康熙近距离接触，朝夕相处，随后逐渐展露才华，获得赏识。世上无完人，而康熙却称他“宽大老成，几近完人”，能得到皇帝如此高的评价，陈廷敬心怀感激。都说千里马常有而伯乐不常有，如今不但有伯乐慧眼识英，而且这位伯乐还是当朝皇帝，陈廷敬自然感恩戴德，对康熙忠心不二，致死不渝。

晚年，陈廷敬作有《苑中谢恩蒙谕卿是老大人是极齐全底人臣感激恭纪二首》，并在其一中写道：“勑旨已褒因旧学，口宣更许是全人。帝思风励先多士，天与恩光及老臣。弱本似蓬宁自直，清非如水敢言贫。平生自守冰渊志，一语阳和鉴苦辛。”陈廷敬此诗字字真切，句句赤诚，充分表达了他对康熙的感激。

一个人如何看待身份和地位的意义，不但取决于此人的修为，也取决于此人平生之志。目光短浅、只图一己私利的人必然会把身份和地位当成获利的捷径，只有那些胸怀大志、以天下苍生的幸福为目标的人，才会视它们为浮云。

陈廷敬的抱负在于天下太平，所以他提倡“以民为本”，为百姓办实事，办好事；大力反腐，以净化官场，维护天下公正；提出“礼法并用”，以求从根本上减少社会中的犯罪。对于陈廷敬而言，忠君报国是他最主要的任务，无论身居什么官职，他的一片冰心始终不变。

担任讲官时，康熙对他所言皆表赞同，并称赞其：“每日进讲，启迪朕心，甚有裨益。”康熙十六年（1677 年），陈廷敬获得圣恩，从日讲起居注官升为经筵讲官和日讲官。第二年，他又被召入康熙特设的南书房值勤。

南书房主要是康熙读书的地方，在读书时，康熙也会将翰林院的一些大臣轮流招至此处，与他们一起研究学问，讨论诗词书画。虽然翰林院才人众多，但只要细心观察，就会发现这些被召入的大臣皆是担任讲官之人。

这事实上是康熙的一个策略。在当时，由皇亲贵族们组成的议政王大臣会议时常倚仗自己的身份和地位，在康熙处理各种政务时，对康熙强加干预，使他的很多计划不得不终止。康熙明白，长此以往，自己会越来越被这些人架空，于是他决定将南书房做为自己的私密机构，削弱议政王大臣会议的权力，减少他们对自己权力的干涉和阻碍，实现集权制。

于是，康熙开始在南书房与亲信商讨国事，起草圣旨，当时有言，说南书房“非崇班贵檩、上所亲信者不得入”。能被康熙召入南书房之人必是才品兼优，且深受皇帝信赖之人，陈廷敬能够入选，足以说明他的才学和他在康熙心中的地位。渐渐地，康熙将南书房发展为他权力的中心，陈廷敬的身份也发生了变化。

在当时，曾被康熙召至南书房的人不在少数，且以汉人居多。最早被召入的是沈荃，之后便是熊赐履、张英、高士奇等人，这些人各展所长，各尽其能，为康熙提供了重要帮助。康熙也是有情有义之人，对于这些在最关键时期帮助过他的人都格外器重，升他们为高官，并在生活中给了了他们许多优待。

陈廷敬虽然担任讲官时间略晚，入南书房的时间也不及沈荃、熊赐履等人久，但康熙对他的优待并不少于其他人。入南书房值勤后不久，他便被升为总督南书房，后期又被升为大学士。

鳌拜被除后，许多人忌惮康熙，不敢擅自结党营私，但由于朝中官员有满有汉，所以抱团排外的情况还是时有发生。对于满臣来说，汉人是外族，不可尽信，需时时提防，不可让他们处于太高的地位，以免官高权重，对满人不利；对于汉臣来说，皇帝是外来之君，满臣与皇帝同族，身份自然也要高出他们一等，所以对于他们的话，需小心分析，不可尽信。

满人自小习惯骑马射猎，认为自己是马背上的民族，不应被诗书之类束缚，即使做了官后也不改此性，视读书为耻，只以军功为荣，并且非常看不起朝中的儒官。且当时满人一向认为自己高汉人一等，对于朝中身为汉人的儒官更是不以为然。陈廷敬身为汉人，初入朝中，难免被一些满臣排斥。

康熙很不满意这些王宫贵族们的态度，他深知只凭武力不可能治理好国家，在明珠的协助下，他裁掉了许多不通汉语、排斥儒学的满臣，改用通汉语、懂儒学的满臣。康熙的这一举动大大提高了汉臣在朝中的地位，让许多汉臣心中略松。

康熙对儒学的重视在一定程度上提高了陈廷敬以及其他汉臣的地位。陈廷敬自身的才学和修养又让他的地位培增，成为康熙最重视和亲近的人之一。朝中大部分官员见他时，态度也大有改善，无不对他毕恭毕敬，奉承有加。同时，还有越来越多的官员想主动接近他，拉拢他，以得到皇帝的重视。对于这些别有用心之人，陈廷敬一向不予理睬，而能与他为友的人仍然只有那些正直博学之人。

对于一些人来说，身份和地位的改变必然带来生活的改变。随着身份和地位的提升，生活条件变得更好，用的物件也应该提升几个档次，否则便辱没了身份的尊贵。陈廷敬却不这么看，他认为无论自己官位有多高，或者与皇帝多么亲近，自己仍然只是一个普通人。除了按照礼制要求而在服饰方面有所变化外，他的生活仍然平淡无奇，吃穿用度也都非常节俭，从来没有显出他身份的高贵。

在陈廷敬心中，身份和地位不但不应该成为人们为所欲为的筹码，反而应该对人起到约束作用。在惩治贪官的时候，他指出，身为高官，一定要以身作则，严于律己，清廉公正，对下属起到表率作用，让行贿之人无门可进。否则，下级官员就会将大部分心思用来讨好上级，贿赂之风也就无法停止。

陈廷敬一生经历过多次身份上的变化，从庶吉士到侍读学士，再到之后的工部尚书、户部尚书、刑部尚书、吏部尚书、文渊阁大学士等。无论身居何职，他都谨慎言行，不张扬，认真务实，谨遵“为天地立心，为生民立命，为往圣继绝学，为万世开太平”的儒家思训，并将这一思训体现在工作中。

身为臣子，陈廷敬一片赤诚。他一心效忠康熙，效忠祖国，时时为大清的发展考虑，事事以有助于国家的长远发展为前提，所提建议无一不符合康熙心中所想。陈廷敬为官数十年，其建树数不胜数。他严惩贪官，指出贪官会腐坏国家朝政和社会风气，提出解决贪污的根本在于戒奢从俭。他体恤百姓，提出在灾情严重的时期适当减免百姓的税收。陈廷敬所做的一切都堪称儒家济世的典范。

康熙对陈廷敬是尊重的，也是放心的，因为他知道，无论自己如何重视陈廷敬，陈廷敬都不可能成为下一个鳌拜，危及自己的皇权，动摇自己的帝位。康熙能够对陈廷敬如此放心，并不单单因为陈廷敬是文官，不习武，手中也没有兵权，更主要的原因是他深悉陈廷敬的为人。他知道陈廷敬为人谦逊，不骄不躁，且对他忠心不二，一心为国，所以绝不可能作出恃势凌人之事，更不可能做出有损皇权之事。

陈廷敬也没有辜负康熙对他的厚爱和期望，他珍惜康熙对他的赏识和器重，珍惜他们之间这种亦师亦友的关系。他小心地维系着这份关系，用尽一生协助康熙治理国家，安定乱世，同时网罗天下精通经学者，让康熙身边困绕着一群可为其所用的能人。

以国为本，关心民生

笔者问曰：如何能够成为令人尊重的人？

陈廷敬答曰：一道德而同风俗。

在古时，国家的强盛需要明君的治理，也需要良臣的辅佐。仅有明君，则如航行中有船无桨，难以前行；仅有良臣，则如良材植于沙漠，难以生长。对于臣子而言，只有明君当政，他们的才华才得以施展，才能放心地为国效力，不至于整日提心吊胆，想言不敢言，想做不敢做；对于君王而言，只有良臣相伴，才能更好地帮助他出谋划策，解决世间种种问题，将国家治理好。

一个人成长为什么样的人，与其自小受到的教育是分不开的。明君的成长也非一朝一夕，自古以来，所有的明君身边都有一位或数位良臣，对他时刻进行提点，避免他走错路。康熙的身边也有不少这样的人，在这些人当中，熊赐履、张英和陈廷敬三人深受他的器重和信任。其中他最信赖的，当数陈廷敬。

顺治年间，由于满汉人数极其不成比例，顺治皇帝在治理国家时遇到了很多困难。面对这样的局面，摄政王多尔衮提出了“满汉一家”“以汉治汉”的建议，即大胆启用明朝旧部，并极力笼络这些汉族官员，任他们以要职，令他们为清朝效力。此后，朝中便出现了大批汉族官员，特别是文官，大多数都是汉人。

汉族官员对于儒家思想非常推崇，他们纷纷向顺治上书，请顺治帝将儒学作为治国之本，大力推行儒学教育。康熙即位后，他们又将奏折递到年幼的康熙手中，希望康熙能够学习儒学，以儒家思想治理国家。康熙自幼好学，加之大臣们不断进谏，更加深了他对儒学的重视。于是，除去鳌拜的阻碍后，他便开设了经筵，招入了一大批翰林院的学士任讲官，轮流为他讲经。

康熙十分好学，遇到学识渊博之人，总会满怀尊敬，抛开身份虚心请教，所以他和讲官们的关系非常好。对于康熙而言，这些讲官亦师亦友，既能帮他排忧解难，又能为他指点迷津，所以他对他们都非常尊重。他曾多次称赞讲官们的学识，并由衷地感激讲官们对他的教导，使他受益良多，还曾送他们厚礼来表示感激。能够为这样一位尊师重道、勤奋好学的皇帝讲经，讲官们都深感庆幸。

关于康熙学习的过程，陈廷敬在《刊完日讲四书解义疏》中这样记录道："凡在六经诸史，靡不极意研精；至于四子之书，实备百王之道。比年以来，次第进讲，历寒暑而罔间，积日月以成编。"从这段记录中可见，康熙当时确实非常勤奋好学，几经寒暑，他已将儒学的精髓掌握得很透彻了。

在康熙所有的讲官中，陈廷敬虽不是开讲最早的，也不是日讲次数最多的，却是进讲次数最多的。也正因如此，他与康熙的接触要多于其他讲官，与康熙的关系也要比其他讲官更加亲近。

康熙在学习儒家学说时，对其中有关"仁政"的部分格外感兴趣，时常请讲官们为他详解这些理念，并与他们探讨如何将这些理念变为实际可行的政策。陈廷敬对经学研究已久，并且对其中各种理念都颇有心得体会，谈起来条理清晰，令人信服，所以康熙听过他的讲解之后，便对他产生了特别的信赖，时时召他相谈。

陈廷敬心中一直有一个愿望，即能够成为以儒家学说辅佐明君的良臣。康熙让他这一愿望得以实现，所以他对康熙的感情中也有一种特殊的感激，这种感激不仅是为人臣子得到君王赏识后的感激，还有一种使自己在儒学传播的道路上如愿以偿的感激。

陈廷敬在为康熙讲经时，多次提醒康熙皇帝要关注民生，并将儒家思想细细分析。康熙听得专注，并对其中的各项利民主张深感认同。在吏治方面，陈廷敬提出要“民为邦本”。在给康熙讲解《周易》时，他着重提到了“益下”，向康熙说明君王应推行“损上益下”的原则，使百姓安乐，社会安定，而后国家自然太平。他还指出，“损上益下”的结果其实还是“益上”，“君之德救民之命，自然感天之心，受天福，虽己身亦有大益，非仅无咎而已。”

以往的一些君王虽也提出要“仁政”，但真正实施的时候，却仍然优先考虑自己的利益，把百姓的利益抛诸脑后。陈廷敬认为这样是不对的，他向康熙讲述了“止辇受言”和“虚怀纳谏”的故事，提醒康熙在实施仁政时当“以实心行实政”，切勿只做表面功夫。

据《清史》记载，康熙在位期间，曾针对当时百姓的生活情况，为百姓做过许多实事，比如赈济灾荒，免去多处灾区的赋税，多次派人整修河道，严惩贪官等。为了保证百姓的生活，他还亲自去民间巡察，之后便大力恢复发展农业生产，兴修水利、奖励垦荒。

在秦朝亡国的问题上，陈廷敬认为，赋税是一个重要原因。他说:“自古以来，未有聚敛而不亡者也。”陈廷敬指出，秦始皇三十一年为了满足自己的欲望，开始对百姓实施“自实田以定赋”，耗损了天下的民力，他的儿子胡亥继位后，也秉承了这一政策，于是导致“海内叛亡”。康熙听从了陈廷敬的建议，先后多次大幅度减收民间的赋税，百姓无不称赞康熙的仁爱，对他更加拥护。

陈廷敬多次向康熙建议，将一切政策都建立在“利民”的基础上，从百姓的角度考虑问题，凡事先让百姓满意，这样就可以天下归心。但是考虑到一味地“仁”有可能滋长不正之风，所以在研究具体的治世方式时，陈廷敬指出，治世还需重视礼治。

陈廷敬总结了秦朝灭亡的原因，认为其主要原因在于秦朝只重法而不重礼。他认为，治理天下，法固然重要，但礼更加重要，法治标而不治本，只有以礼制国，才能达到治本，让天下人都信服，“使人迁善而恶自远”“使天下迁善远恶而已矣”。

纵观康熙多年来的治世方式，无一不是以礼为主。康熙于上任第十六年明确提出“与民休息，道在不扰”“尚德缓刑，化民成俗”等治国理念。而后，他采取了对百姓进行道德规范的方式来减少民间的犯罪。因为陈廷敬曾说过，许多百姓犯法并非有心，只是因为不懂法而为之，所以康熙颁发了《圣谕十六条》，明确指出要通过对百姓的教育来让他们养成习惯，从而维持社会秩序。

陈廷敬还提出，在进行礼治时，最需要重视的一点就是严且有度，过严或过松都不利于礼治的开展。他说:“齐家汉世，莫善于礼。礼本天下之至严，用之各得其分，则至和。故齐家者，与其过于和，宁过无严，与其过于严，宁准于礼。准乎礼，则无过严之失，而有至和之美矣。”康熙赞同陈廷敬的观点，于是在位的六十一年里，康熙一直以民为本，以礼治为主，并且时时注意治世的“度”，避免过严或过松。

有后人在研究过陈廷敬与康熙的关系后得出结论，称清朝的发展在一定程度上受到了陈廷敬的影响。从上述列举的事例中可看出，这一结论并非无端猜测。人们常说以身作则是最好的教育，陈廷敬严于律己，为人正直，学识和人品俱佳，康熙难免不对他心生崇拜。同时他又崇尚儒学，将儒家思想运用于生活的每一个细节，也运用于治世，治民时重“礼”，治贪时重“法”，施政时以“仁”，康熙整日与他相处，在思想上变得倾向于他也很正常。

可以说，陈廷敬是凭着自己的才学和人品打动了康熙，令康熙对他崇敬有加，进而心甘情愿跟着他学习儒学。可见一个人的人格魅力无论在什么时候、在什么场合，都能发挥强大的作用。

从另一方面来看，康熙与陈廷敬在思想上本就有相通之处，首先他们都喜欢儒学，其次他们都以国家的发展为最重要的事。陈廷敬认为，在君臣关系上，君和臣都有选择对方的自由，合则随，不合则不随。他说：“君臣之间，其未合也，两相择也。其既合也，两相信也，君与臣其两无失乎？”由此可见，若是陈廷敬不从心底认同康熙是明君，也不会如此尽心协助他。

陈廷敬每逢谈及做臣之道，都以习惯性地用良臣而非忠臣，因为对他而言，忠臣只是对君忠，而未必对国有益，良臣却是真正对国有益之臣。他说："在大臣之位，大臣以天下为心，无一己之私好私恶，然后有天下之公是公、非是非明，而后国是定。"在他看来，真正的良臣不是只为皇帝做事，而是为国家做事。

陈廷敬为臣数十年，虽以辅君为己任，其根本目的却是为了天下苍生，为了国家社稷。他既然能够辅佐康熙数十年，定是因为君臣在治国治世方面有着相同的观点。同样，康熙对他若是不信、不合，也不会依赖他数十年，在他致仕之后还将他请回朝中帮忙。这也说明了他们二人在根本思想上是一致的，所以康熙才会心甘情愿受到陈廷敬的影响。

学以致用，治国救民

笔者问曰：经学在治世中有什么作用？

陈廷敬答曰：发前圣未发之微言，传古人不传之深意。

读书为所用，只读不用，便成了死读书，也就是所谓的书呆子。古代的学子们需要熟读四书五经等儒家经典著作，绝不单单是为了应付复杂的科举考试，而是为了让他们能够发现经典当中的精髓，了解古代学者们的智慧，然后将这些精髓和智慧提炼出来，为官之后应用于自己的工作中，只有这样的人为官之后才能真正为国效力，让国家得以发展。

清朝的学者有庙堂学派和山林学派之分。山林学派的代表人有孙奇逢、顾炎武、傅山等，这些人都为布衣学者；庙堂学派的代表人有陈廷敬、张英、熊赐履等，这些人都在朝中为官。

两个学派的人虽然对以往经学应用的成效持不同观点，但在关于“经世致用”的方面，竟然惊人地相似。两个学派的人都认为，经学应当学以致用，使其在治理国家的时候发挥巨大作用。

在治国方面，陈廷敬指出应遵古训。他认为经学是古人智慧的结晶，对于治国治世有着积极的意义。想要治理好国家，安定社会，必须用心研习经学，弄懂书中的理论，发现其中的精髓，然后将这些精髓应用于对国家的治理中，使国家更昌盛，社会更和谐。

陈廷敬在研究《易传》时认为，其《彖传》中的《损》卦意在教人如何调节阴阳、刚柔的关系，“损下益上”即身为臣子当为君着想，分君之忧，以君为重。是以他身在朝野，为国殚精竭虑，一方面专心研究经学内涵，一方面将自己所领悟到的精髓传授给皇帝，为经学的发扬和传播起到了承上启下的作用。

子曰：“学而不思则罔，思而不学则殆。”陈廷敬在学习经学时，对其中每一条都做了认真的思考和研究，最后用自己的独特见解对它们进行新的评论和阐述。如《易经》共有六十四卦，陈廷敬对每一卦都作了新的注解，这些注解通俗易懂，很容易被人们接受和应用。

陈廷敬在朝期间，尽力强调经学在治国治世中的作用。在研究治世之道时，陈廷敬认为应以《益》卦为准则，先减少君王的利益，然后增加百姓的利益，百姓的生活过好了，自然会民心所向，更加信赖和爱戴君王，更愿意拥护君王的各种政策，如此一来，治理天下就会变得更加容易。他认为，“益”卦表面看起来是一损一益，实际却能达到双方互益，可谓治世之良策。

在讲解刑狱之事时，陈廷敬指出应以《彖传》中的《讼》

卦为基本，采取“中正”之法。他说：“是知中正之心人皆有之，圣人使无讼，亦以其皆有此心也。”

《讼》卦原文为“讼，上刚下险，险而健，讼。讼，有孚、窒、惕、中吉，刚来而得中也。终凶，讼不可成也。利见大人，尚中正也。不利涉大川，入于渊也。”陈廷敬认为此卦可理解为天向西转而水向东流，此二者之间发生矛盾属于必然。世上万事万物相互联系，相互影响，彼此之间产生的矛盾就会更多，人们无法解决这些矛盾，便有了“讼”事。

矛盾是社会中的普遍存在。并非所有矛盾都对社会有害，然而矛盾太多，太激烈，就势必会引发社会的混乱，国家根基也将不稳。有些时候，最危险的不是矛盾本身，而是矛盾所带来的副作用，以及人们在处理矛盾时激发出的额外矛盾。这些矛盾一旦发作，往往会比原始矛盾更加具有危害性。

矛盾不能被彻底消除，但却可以被弱化，在这方面，如何处理社会中的种种矛盾就成了关键。陈廷敬的建议是，采取“中正”的原则，不偏向于任何一方。陈廷敬说：“中正者，人心本乎天之正理，中正失，则心险，险则讼。圣人以其中正，化天下不中正，以其无险，化天下之险，听讼，吾犹人也，必也使无诬乎！此之谓也。”世人心中都有公正，只要处理得当，保证了公正，世间就不会怨气冲天。

“中正”的另一个含义是采用的惩罚要适当。这一点和他在“刑官之要”中所提出的“格非心”和“审例律”本意相似。对于犯错之人，要给予适当的处罚，不可过重，也不可过轻，过重失民心，不令人服，过轻不足以惩戒和警醒。

在具体实施时，陈廷敬还建议要采用“柔中”的方法。过于强硬的方法虽然能够最快取得成效，但同时也可能引发更大的矛盾。例如两人当街斗殴，立刻将他们抓起来各打五十大板，自然能够快速解决斗殴，但并不能解决斗殴的根本。这两人极可能不服判决，在伤好后再生斗殴，同时对官府产生叛逆之心。若是采用“柔中”的方式，详审后依其情节轻重而判，就不会激化矛盾，使矛盾双方都心服口服。

周朝有一种刑罚叫“黥刑”，即在犯人脸上刺字，之后用墨涂，留下永久的刺青。因为刺青是墨色的，所以也叫“墨刑”。在当时，世人只要犯了一点小罪，就要被刺上这样的标记，一辈子都抬不起头来。这种刑罚不但伤害了人的身体，也践踏了人的尊严，令他们一生都要带着罪人的标记活在其他人的眼光里。

陈廷敬指出，犯人也有尊严，不应对他们实施这种过于侮辱人格的惩罚，使他们一生都受人歧视。“柔中”的意思就是让犯人们受到应有的惩罚，同时也能感受到朝廷对他们的人文关怀。他提出：“治狱之道，不患不威，是以君德贵刚，而治狱则尚柔也，柔中故虚而明也。”陈廷敬的这种观点已经比较接近当今社会对犯人的态度了。

关于用祭祀一事来净化民间风气，陈廷敬也是从经典中学来的。他认为礼制的社会需要由懂得礼仪礼数的人推动，若是一个社会上的人都不懂礼，不重视礼，礼制自然无法得以推行。

陈廷敬以“五典”为例，解释了他为什么这样认为。他说，五典之中包含了五种人与人的关系，这五种关系分别是君与臣、父与子、兄与弟、夫与妻，以及朋友之间。他认为，这五种关系是社会中最常见的关系，一旦这五种关系稳定了，世间的关系就都稳定了，乱事也就少了。而维系这五种关系的，正是一个礼字。

至于如何开展礼的教育，每个时期都有每个时期的特点，有些朝代采取洗脑制，有的社会采取强权逼迫，但这些都不是最好的办法。陈廷敬熟读过《周礼》《礼仪》《礼记》等典籍，深知以礼治世的重要性。他认为祭祀是礼的基本形式，应当将古代的礼制与身边的实际情况结合起来，强化祭祀在人们生活中的重要性，以此作为强化礼治的具体措施。

祭祀在中国有着古老的历史，早在国家形成之前就已经存在。远古时期，人们所祭拜的对象大多是天、地和人，天指的是天上的神明，地指的是地神，人指的是死去的祖先。随着社会的形成，人们所祭拜的对象也更加丰富，除了神明和祖先外，日月星辰、帝王圣人也都成为了祭拜的对象。

作为一种古老的传统，祭祀有它的优点也有它的缺点，优点在于它可以加深人们对长辈先人的尊重，强化一种“礼”的教育；缺点在于它的程序非常烦琐，需要耗费大量人力物力和时间。陈廷敬认为，祭祀还是应当保留的，如此可将先辈们的优点和传统传承下去，还可让后人时刻记得先人们为他们做过的一切，对先人心存感激。最重要的一点在于，祭祀能够加强人们心中对礼的认识，使他们更容易接受以礼治世的观点。

在古代，祭祀是一件非常神圣的事情，无论是祭神、祭祖或是祭圣人，人们在祭祀时，都会怀着一颗非常崇敬和畏惧的心，一种非常严肃的态度。这种超出寻常的尊敬之情，足以体现礼仪的至高境界。在被祭拜之人面前，人们不敢妄言，不敢说谎，担心会因此招来惩罚。因此，陈廷敬认为祭祀有助于净化社会的风气，能够让人都肃敬起来，摒除身上的不正之气，并将祭祀之礼视为礼教的起源，并认为此事不可废。

虽然用当今的眼光去看，封建时期的祭祀不过是统治者变相规制百姓，以强化统治的一种方式，但它也确实起到了一定的积极作用，比如能够让人们时刻记得先祖和先贤的功绩，对他们心怀敬意等。这种敬意能够促使人们约束自己的行为，不敢妄言妄行。此外，这样也能增加人们敬老、养老的意识，体现和发扬传统道德。

当今社会不再推崇祭祀的行为，是因为人们的思想水平都有了提高，精神文明建设也有了很大的提高。但是在古代，许多百姓的思想尚处于蒙昧阶段，对于一些道德感欠缺的人来说，若是以法强制他们的思想道德有些不妥，也不会令他们信服，所以要用其他的方式来对他们的思想和行为进行规范。

陈廷敬虽然比较认同以“礼”治世，但他也强调，不可只一味重“礼”而忽略了法。在《秦论》中，他就明确指出了法的重要性。陈廷敬结合了秦朝“兴法而废礼乐”的案例说明了法应有度的观点，并说，法并非不可用，而是要适度用，切不可因为法可能带来的弊端就弃之不用，也不需要因为担心用法过度而在实施时过分小心。只要结合时势，以务实为本，认清每一件事情的厉害关系，就可以妥善地用法来治世了。

不参党派不营私

笔者问曰：是否加入身边的各种“圈子”，就可以更好地实现自己的目标？

陈廷敬答曰：可结志同道合之友但不可结党，可谈学术文化之事但不可营私。

辞海中对于“朋党”的解释是“为私利而勾结在一起的集团、宗派”，在古代，特指士大夫们结党营私，形成利益集团。

在封建社会，许多统治者都习惯以提倡礼仪教化来治国。康熙认同陈廷敬的观点，采取礼、法并用的方式治理国家，确实取得了一些成效，然而其中也存在一些无法避免的弊端。并不是所有人都会依礼处事，时常有人受到利益的诱惑，便忘记了自小学习的伦理道德，开始钻法律的空子，以求获利更多。

从古至今，除了亲人外，人与人之间最亲近的两种关系莫过于同乡和同窗。同乡大多自小相熟，彼此感情深厚。同窗的感情虽不及同乡，但毕竟曾在一起苦读，也曾共同畅谈过理想抱负，所以也可以结交到目标一致的朋友。

年少时的感情总是比较单纯，然而进入官场之后，这种感情就在不知不觉中发生了变化。一些人为官之后，在办事的过程中遇到困难，或是想最大化自己的利益，而只凭自己一人之力又无法解决时，便开始打同乡和同窗的主意，特别是比自己位高权重的同乡和同窗。

任何事情和感情一旦以获利为目标，性质就会发生变化，变得不再单纯。这些人以利益共享为条件，请昔日好友协助自己去完成想做之事。一旦对方答应，他们之间的关系就发生了改变。这种建立在利益基础上的朋友，便是朋党。

朋党不但存于古代，在当今社会上也仍然存在。在官场中，一些贪官共同收受好处，以权谋私，之后便互相包庇，事发后为保自己而为对方脱罪；企业之中，一些员工结成党派，偷梁换柱，玩忽职守，损害企业的利益；还有一些官商勾结，一起窃取国家的财产，假公济私。这些都是有碍社会健康发展、应当消除的现象。

对于陈廷敬而言，朋党是一个与他完全不沾边的词汇，其一在于他为人低调，少与人有社交上的往来；其二在于他没有贪欲，不会为了获得利益而扩张自己的势力；其三在于他没有私心，所做的一切都为了国家和百姓。

朋党，主要指的是结党营私者。欧阳修曾说过，那些因志同道合而在一起，只谈兴趣爱好，不谋私利的人不应被算在内；那些正直忠信，行礼仪之道，在一起谈论如何事国的君子也不应被算在内。很明显，陈廷敬和他身边之人的关系属于欧阳修所提的志同道合的朋友，他与汪婉初、龚鼎孳、李天馥等人谈论文学，交流诗词歌赋，除了提升彼此的文化素养，增加学术方面的见地，再无其他。

互相帮助本是中华民族的传统美德，然而这种美德一旦与利益沾边，就改变了它原始的意义。朋党的产生建立在共同利益的基础上，一旦不同朋党之间发生利益冲突，党争就会发生。

朋党之争是中国古代官僚政治的一大痼疾，不但会让官员之间产生“亲疏之别”，对“亲”者给予援助，对“疏”者见死不救，还会使整个社会变得动荡，阻碍社会的发展。党争对朝廷的稳定有着巨大的杀伤力，回顾历史，许多朝代的灭亡都与党争脱不了干系，例如晚唐时期的牛李党争使本就摇摇欲坠的唐朝彻底崩塌，明末的东林党与宦党、浙党之争大大加速了明朝的灭亡。

陈廷敬心里十分清楚，结党并不会给官员带来真正的好处，反而会使皇帝心中生疑，失去对官员们的信任。他也清楚，皇帝疑心事小，政局混乱事大，所以对于朝中的党争之事，他从不参与。虽然有许多人试图将他拉拢到自己的党派中，借他在康熙面前的地位获一己私利，但他从未给过那些人机会。

康熙年间，最严重的党争便是明珠与索额图的党派之争。虽然康熙刚刚继位时，鳌拜也曾结党营私，大肆打压迫害其他官员，无视皇威，但他终究只是一名武将，背后没有皇子撑腰。明珠与索额图则不同，他们的背后分别有皇长子和太子，也就是说，他们二人的党派之争，事实上是皇长子与太子的皇位之争。

索额图是开国元老索尼的第三子，正黄旗人，曾协助康熙拿下鳌拜，并清除了鳌拜的势力。然而鳌拜之事并没有让索额图吸取教训，当自己的身份地位有所稳固之后，他便一边丰富自己的党羽，一边为太子出谋划策，试图扶植自己的外孙——太子胤礽登基。

同一时间，明珠也在做着相同的事，不过他想要扶植的人，是自己的外甥——皇长子胤禔。明珠也是正黄旗人，由于在撤藩一事上表现出了坚决的态度，深得康熙心意，又在撤藩的过程中大显身手，所以得到了康熙的重用。在党争之中，他努力拉拢到大学士余国柱等重臣，使“长子党”的势力越发强大。

明珠和索额图各侍其主，且势力越来越强大，为了扩张各自扶植之人在朝中的势力，巩固其地位，两人之间的争斗日益激烈。由于他们二人都是康熙所器重之人，在朝中都有很高的地位，并且他们的背后又有皇子撑腰，朝中一些官员便开始在心中盘算哪一边的胜算更大，暗自考虑自己应该站到哪一阵营。

明珠与索额图斗得天翻地覆时，陈廷敬选择了明哲保身，始终处于中立位置。对于双方的示好，他一直无动于衷；对于双方所犯下的错，他也直言不讳。他知道，明珠和索额图的行为已经不仅涉及到了贪污受贿，而且还涉及到了对国本的动摇。此时的大清在康熙的治理下已日渐稳定，并且正在朝着好的方向发展，若是此时有人成功扶植新君上位，朝政必然大乱。为了保证国体，陈廷敬只会选择完全效忠于国家，只做对国家发展有利的事。

事实证明，陈廷敬的做法是正确的。任何一个封建王朝都只允许一个君王的存在，明珠和索额图的所作所为让他们没能得到善终，明珠后因党争被罢黜，索额图更是在宗人府大狱中悲惨死去，他们的党羽也都受到了重罚。而一直保持中立的陈廷敬却在朝中地位稳固，始终被康熙信赖和重用。

对于一些官员来说，党派的好处在于能够为自己架起一个强大的后盾，当势单力薄的自己遇到麻烦时，会有许多人为了“共同利益”而保护他、帮助他，最后使他避免受到重裁，甚至可以逃脱处罚。比如曾与陈廷敬同入南书房的高士奇，他与另一讲官王鸿绪结为姻亲，两人一同收人贿赂；人称“昆山三徐”的徐乾学、徐元文、徐秉义仗着三人在文学中的地位，纵容其亲属和门客横行于乡里，对百姓生活造成了很大的困扰。

皇帝忌讳朋党，因为朋党会使朝臣之间的关系变得密切，增强势力。但是为了稳固江山，康熙虽知党争之弊端，却也不好一次性处置太多人，所以对于情节稍轻者，都暂且放他们一马，只对情节过于严重的人先做重罚。但这并不意味着其他人就可以高枕无忧，处置他们只是迟早的事。

以利益为基础结成的党派看似稳固，实则最脆弱，最经不起风吹雨打。一旦当中发生一点变故，令他们再也无法从这个组织中得到好处，他们就会立刻作鸟兽散，不会再顾及组织的死活。建立在利益基础上的朋友也算不得真正的朋友，双方利益均沾时笑脸相迎，一团和气，一旦利益不均，便会反目成仇，争个你死我活。从这一角度来看，结党营私只能为人们带去暂时的好处，并不能让人一生无忧。

纵观百年官场，结党营私的表现形式五花八门，但其结果都是一样的，即以失败告终。但凡结党营私，最后都落得身败名裂的下场。

结党会扰乱社会秩序，营私会干扰社会发展。若是一个社会中所有人都试图以结党来获利，整日算计着攀附哪位权贵，与谁拉关系套近乎，遇事先想着找偏门而不走正路，社会就会变得乌烟瘴气，真正有实力的人无法得到重用和发展，反而让小人当道，后果不堪设想。

身处充斥各种党派之争的环境中，陈廷敬能够一直独善其身，不为利诱所动，也不畏权势之强，这种精神和意志不得不令人佩服。作为现代人，也应学习他这种精神，无论是官员还是普通百姓，都要避免参与到拉帮结派、结党营私的勾当中，洁身自好，弘扬正气，保证社会的纯洁。

做官当如陈廷敬，能够看清事情的本质，在混乱中站定一个位置，不动摇，不随波逐流，保持一身正气，从客观的角度看问题，公平公正地处理身边事。做人当如陈廷敬，不管别人做什么，说什么，不管环境如何，只要认准一个目标，就一心做好自己的事情，不受外界干扰，不被其他人的思想所左右。如此才能使自己成为一个可长久立足于社会之中的人。

榜样力量大

笔者问曰：如何提高自己在礼仪方面的修养？

陈廷敬答曰：而始立学，必先释奠于先世之老。

朝中重臣，其职责在于协理皇帝治国治世，稳固国家安定，促进国家发展。外臣专于边疆战事、国间来往等外事，内臣专于寻求治国良方、良言进谏等内事。陈廷敬属于内臣，除了给皇帝上课外，还必须花大量的精力和时间去思考如何让国家变得的繁荣，如何让百姓过得更好，以及如何提高百姓的思想道德。

从表面上看，群众的思想道德对国家的发展没有影响，但是往深一层去看，就会发现群众的思想道德与社会风气有着密切联系。思想道德低下的地区，社会风气必然污浊，发展也会相对落后，这样一来，势必会影响社会的发展，也会影响国家的发展。陈廷敬认为，想要改变这一情况，就必须对百姓灌输礼制的思想。

尊贤与尊老是两个方向，但其根本目的却是一样的。尊贤为的是让人们学习古代贤者们的优良品质，以便在生活中能够以礼行事；尊老为的是让人们提高对长者的尊重和孝敬，同样也是一种以礼行事。

如今人们提及礼，首先想到的是礼仪，如待人接物的方式，谈吐之间的风度等。在古代，礼更多时候代表着礼制。仔细分析两者之间的关系，不难发现，它们其实是建立在同一个基础上，礼仪属于个人修养，礼制是社会风气。

君臣之间守礼，可共商国事，减少叛乱之事；父子之间守礼，可父慈子孝，享尽天伦；兄弟之间守礼，可手足共济，家和万事兴；夫妻之间守礼，可避免争端，增进感情；朋友之间守礼，可减少争执，友谊长存。陈廷敬说："谓夫五伦在人，自其经常不易者，谓典盖原于上帝付予之初，固天叙之也。然天能叙之，不能保其后也。所以立之教化，敕正我五典，使伦叙益厚者，则在人君矣。"

儒家思想中总是强调"仁爱"的精神。《孟子》中记载，古时的周文王为了推行养老的政策，提出要让五十岁以上的老人穿暖和的衣帛，让七十岁以上的老人吃上肉。对于"四穷"，即鳏寡孤独者，周文王还建议对他们实行更多的关爱。"四穷"之中除"独"外，皆出现在老人当中。孟子在与梁惠王谈论"王政"时举了周文王的例子，陈廷敬虽然没有直接点明，但他在《原本祀学录序》中也提到了"盖古天子视学、养老同重并举"。

儒家思想讲的是让老有所养，老有所敬，最后老有所终。陈廷敬认为，学习先人之礼，也应将养老作为重要的学习内容。古代的天子曾采用过这样的方式令社会安定，并且取得了显著成效，所以陈廷敬在建议康熙采用仁政时，自然也是考虑到了这一点，才提出建议的。对百姓实施仁政，百姓的生活普遍得到提高，老人的生活也就自然跟着得到了提高。百姓们不需要疲于奔命，也就能够有更多的时间和精力去照顾老人。

很多情况下，并非子不爱父，而是子无力侍父。若是君王贪婪，执迷于以武力开拓疆土，强迫大量青壮年服兵役，年轻人有心侍父，却不敢不从皇命，两难之下只得选择不孝。百姓家中只剩下老弱妇孺，没了青壮劳动力，田地只得由老人和小孩子去耕作，其生活的辛苦自然加倍。本该安享晚年的老人不但不能享受到儿子的照顾，还要承担起照顾整个家庭的重担，被赡养都谈不上，更不要说被尊敬了。

若是君王爱民如子，爱惜民力，以仁政服民心，百姓就不必被迫妻离子散，老人的生活情况就会大不同。由年轻人承担起家中的大部分事务和养家的责任，老人就无须过于辛苦地劳作，也有更多的时间休养。而且有儿子常在身边，尽其赡养的义务，老人的生活就会得到极大的改善。“民有殍，父子离”的情况也就自然不会发生。

君王实施仁政后，养老的问题能够得到改善，但敬老的问题仍然可能存在。一些子女只定期给父母寄去银两，供他们生活，却从不亲自侍奉。还有一些子女升官发财后，只顾过自己的得意日子，对乡下的老人弃之不管，连赡养费都不寄。陈廷敬认为这样的官员只会对社会产生不良的影响，根本不具备为官资格。

陈廷敬认为，这种情况的存在会使社会中发生越来越多的问题。他指出，想要解决这一问题，首先要让天子起表率作用，带着朝中重臣们奠祀先人。如此一来，各郡县也就会跟着举行奠祀。百姓看到自己的地方官带着祭祀先贤，也会渐渐把这种奠祀当成一件重要的事，心里的意识也会得到提高。

在古代，祭祀虽然主要针对神明而生，但随着社会的发展，祭祀也多了许多其他重要的意义，比如令世人明礼、净化社会风气、提高人们对先者的尊敬等。

祭祀使人明礼主要体现在祭祀的形式上。祭祀过程中的许多行为，如多次的叩首和跪拜，肃立、静心等，都体现了礼。在祭祀开始前，参与人员要整理仪表，不得蓬头垢面或衣冠不整，不得迟到；祭祀时的位置也有讲究，次序切不可乱；祭祀一旦开始，参与人员就要保持专心和肃静，不得挤眉弄眼，不得嬉闹，不得喧哗，不得随意走动；祭祀结束后，参与人员不得马上乱作一团，而是要按照尊卑的顺序，依次离开，离开过程中也不可打闹喧哗，要保持秩序。

在陈廷敬看来，祭祀最重要的作用在于能够让人从内心里产生一种尊敬先贤和长辈的感情。这种感情对于人们日常行为的约束是有一定作用的。即使是在当今社会，这种感情也仍然有着重要意义，正如我们现在宣扬的尊老敬老思想一样。

陈廷敬认为，祭奠先人不但能够起到对道德的培养，还有益于传给后人，让天下人都将这种思想传承下去。他说：“且古者释奠先老，又不惟以谓养老而已，学者所习之业，既以取法于先圣先师，而先民之可则效者，亦往往而有焉。”

世人在崇敬、信赖或极度喜爱某个人时，便会视其为偶像，以之为自己行事的标准，把他们说的话当成最正确的话，把他们做的事当成最值得效仿的事。所以，人们现在总会对公众人物的言行要求严格，对大众偶像的行为加以监督。

在儒家思想中，孔子被称为圣人。陈廷敬是儒家学说的推崇者，所以他说，“今天下学祀孔子，称至圣先师，则是以先圣先师为一人矣，考之《礼》意多未合。”又说，“《礼》‘释奠’于先圣先师先老终之古者，天子视学、养老同重并举，而始立学，必先释奠于先世之老。故吾谓今之乡贤，可比于古者释奠其先老之义，虽不尽合于礼意，而以世变推之，犹为可受庶几行之久而不至废绝也。”

孔子提倡通过祭祀来达到令世人尊老敬老的目的，于是陈廷敬也决定采取这种方式教化天下。他说：“《礼》：‘凡学，春官释奠于其先师，秋冬亦如之。’盖因学者所习之业示以取法耳。今天下郡县学祀先圣先贤，其礼之遗制欤！”陈廷敬认为，以位高者为标准，一级一级传达下去，最后将奠祀变为世人都习以为常的事情，同时尊老敬贤的思想也就能够在民间得到发展。

陈廷敬要求世人先敬先贤，而且要求皇帝和官员们都起到表率作用，为的也是这一目的。百姓或许不懂先贤们对社会做了什么贡献，不懂先人们有哪些值得学习的地方，但是看到身边的官员们，甚至皇帝都在主张祭祀他们，便会认为他们必然做了许多有利于世的事情。特别是他们所喜爱的官员这样做后，他们就一定会效仿，视先贤们为榜样，发自内心地去学习他们的行为和思想，响应他们所提倡的种种主张。

老有所终能够体现一个社会的文明程度，也能促进社会的发展，保证社会的稳定。如今，人们将养老视为一项重要课题，将解决养老问题作为一项重要任务。古时的养老与现在不同，相比之下更加教条，也带来了一些愚孝的负面影响。比如在古代，百事孝当先，父母过世，子女必须守孝三年，期间不得上任，不得嫁娶，以体现对长辈的尊重。这种事情放在如今是不合理的，也是不适用的。但错的不是尊老养老的这一思想，而是以此为基础制订的其他制度。总的来说，古人尊老和养老的思想是应该提倡的。

清廉为官，两袖清风

好尚嗜欲之中于人心，犹水失堤防而莫知所止。

——陈廷敬

若说在清朝，十官九贪，那么陈廷敬便是不贪的那一个。自上任以来，陈廷敬从未收受过他人贿赂，这一切都源于他的心中没有贪念。在陈廷敬看来，做人不能贪，为官就更不能贪。为官之人只有杜绝了贪念，才能保持清醒的头脑，做到公正廉明，真正为百姓谋求幸福。

为官最重是心安

笔者问曰： 为官之人应该把什么视为最重要的事？

陈廷敬答曰： 莫以头衔溷大官，万钟一介要心安。

古人云："官德隆，民德昌，国家兴；官德毁，民德降，国家衰。"官德，顾名思义，就是为官之德，即官员的职业道德。

身为一名官员，无论是朝廷命官，或是地方小吏，优良的官德都是必备的素质。

官德是为官者的立身之本。“己不正焉能正人？”官无德行则不足以服民众，不足以效力国家，不足以辅佐明君。早在春秋时期，著名的教育家孔子便提出：“政者，正也；子帅以正，孰敢不正？”又说：“其身正，不令而行，其身不正，虽令不行。”只有具备优秀的官德，为官之人才可真正心系于民，为民谋利。

一名有官德的官员应待人以诚，处事以公，为人以正。无论对待上级或是下级，抑或是普通百姓，都一视同仁，不因对方身份地位的不同而不停变换自己的态度。对上不阿谀献媚，对下不耍官腔，对百姓不仗势欺凌。处理事件公正廉明，分清黑白，不偏不倚，不弄虚作假，阳奉阴违。为人正直坦率，一身正气，不欺上瞒下，不放任自我，不贪图私欲。

为官之人要以德服人，而不能以权势压人、威胁人。陈廷敬为官数十年，虽在处理一些问题上表现出极大的强势，但在日常生活中，他从未因自己位高权重而产生过任何优越感，更没有以高官自居。在工作中，他是严格的、严厉的；在生活中，他则是一位没有官架子、没有官气的普通人。

平日里，无论是谁犯了过错，陈廷敬都就事论事，只对事不对人。如果当事人平日就作恶多端，为人残暴，又犯下了弥天大罪，他必然不会轻饶。但如果当事人犯的只是小过失，并且人品一向很好，他就会依法酌情处理，事后也不会因为这一次的过失而对此人有成见。

要做官，先做人。想做好官，先做好人。官德优秀之人，必然德行优良。陈廷敬出身于士大夫之家，自小接受儒家思想教育，加之陈家世代为人正直，为官清廉，生长在这样的环境中，陈廷敬的思想品德自然也没有杂质。进入仕途后，陈廷敬谨记父母的教诲，为官数十年一直谨慎小心，不曾有过一刻贪念。

为官之德在于清廉。陈廷敬一生坚持清、慎、勤的原则，为官期间生活依然从俭，甚至官至宰辅时仍然生活清贫，人送外号“半饱居士”。他自己也在《半饱居士诗》中写道：“我自长贫甘半饱。”“半饱”并非说陈廷敬清贫得连饭都吃不饱，而是称赞他知足常乐，从不贪得。许多人为官为的是荣华富贵、吃喝玩乐，陈廷敬却对那样的生活一点奢望都没有。素色布衣便能让他心满意足，清粥腌菜也能吃得津津有味。

偶有人到府上拜访，看到当朝宰相竟然生活得如此清贫，餐桌上不要说没有山珍海味、鱼翅珍馐，就连大鱼大肉都没有，不由得感到同情。陈廷敬却一点也不觉得辛苦，反而还作诗说：“残杯冷炙易酸辛，多少京华旅食人。索莫一冬差有味，菜根占得菜花春。”

官德的培养需要持之以恒，要有坚定的信念。有了信念，德行才得以长久保持。自古以来，有多少贪官污吏都是因为抵挡不住身边的诱惑，最后走上了违法乱纪的道路，毁掉了自己的一生，成为了百姓和国家的罪人。

古代官场鱼龙混杂，良莠不齐。并不是所有官员都能如陈廷敬一般清廉，保持本心。有些人为官之后，在身边一些“朋友”的影响下，渐渐忘却了自己为官的最初目的，开始和他们一起花天酒地，出入烟花之所。许多官员都是因为交友不慎，禁不住诱惑而被别有用心之人拉下了水。也曾有人试图拉拢陈廷敬，可最终他们都失败了。正如陈廷敬在《俯沥悬诚祈准回籍以安愚分疏》中所写，他“不徇亲党，不阿友朋”，一生只交品行高尚之人，只与能和他谈论正事和学术之人为伍。

清人陈康祺在《郎潜纪闻四笔》中列举了陈廷敬为官其间的一些事迹：“国子监生入监，谒见祭酒下官，例有贽。泽州陈文贞公官司业时，正身董教，凡诸生以贽献者，悉屏去之。公官少宰，奉命督户部钱法，向有进呈样钱之陋习，公亦毅然裁革。两为大司农，处脂不染，清操肃然。调长吏部，厘剔铨政，宿弊悉除，夤缘者不得进。有藩司某，持千金为寿，愿一见执弟子礼，守公寓旁佛庐数日，忽暮夜乘间入，长跪哀请。公大怒，叱去之。后数日，其人以不法被斥。”其中陈文贞公便是说陈廷敬。

陈康祺还说：“清廉虽不足以尽公，而略举数端，已足媲美杨震、邓攸无惭色矣。”杨震和邓攸分别为东汉和西晋太守，两人皆以一生清廉而闻名于世，成为后世官员们学习的典范。陈康祺将陈廷敬与杨、邓二人相提并论，可见陈廷敬一生的清廉是有目共睹的。

康熙元年（1662年），陈廷敬归省家中。回家后，他的父亲陈昌期向他询问了为官以来的情况，都为百姓做了什么，待陈廷敬说完之后，陈期昌满意地点点头，称赞陈廷敬“汝清品正尔难得！”

有人说，官位越高，越容易犯错。此话不假。世人都可能犯错，而官位越高，手中的权力越大，就越难掌握，由于一时不慎而犯下大错的几率就越高。陈廷敬在职期间，不但一直秉承着陈家传统，坚持做好官、做清官、做德官，还时常告诫其他官员:“在大臣之位，大臣以天下为心，无一己之私好私恶，然后有天下之公是公、非是非明，而后国是定。”

康熙四年（1665 年），在家中归省的陈廷敬接到朝中任命，让他立刻动身回京。临行前，他的母亲张氏一边为他收拾行李，一边提醒他:“汝往哉！吾为汝娶妇嫁女，治装具给资斧焉，慎毋爱官家一钱。”母亲的教诲，陈廷敬谨记心中，以此为诫，时时提醒自己要为官清廉，并且时常告诫自己的家人和子女，要将陈家这种清廉的风气继承下去，发扬光大。

当得知弟弟陈廷弼要去临湘出任知县一职时，陈廷敬再三叮嘱他要谨遵母亲的教诲，并在诗中嘱咐弟弟“宦途怜小弟，慎莫爱轻肥。”陈廷弼听从兄长的劝告，兢兢业业，却一时不慎，在官任广东粮驿巡道时被人举报，说他贪污渎职。陈廷敬闻之，连夜写诗一封寄给弟弟，劝他“凭寄吾宗诸子姓，清贫耐得始求官”。

陈廷敬的次子陈豫朋年幼时便常听父亲教导他要“养心寡欲”，于是，在陇间做地方官的那六七年里，他恪尽职守，严于律己，一心为民，创下许多政绩，深受当地百姓的拥护。陈廷敬得知儿子的政绩之后喜悦至极。

身为官员，就应在其位，谋其政。无论在古代还是现代，清廉都是为官者必备的素质之一。然而仅有清廉还不足够，为官之人必须对自己的身份及为官的目的有一个深刻的认识。有些人为官多年，只求名利，做事前先考虑此事对自己是否有益，有益则为，无益则不为，这种目的显然是错误的；有些人为官为的是面子，让自己在外可以高人一等，可以被其他人崇拜和讨好，这种目的也是错误的。抱着这些目的去做官的人，最终不是一事无成，就是身败名裂。

为官者应有“先天下之忧而忧，后天下之乐而乐”的心态。纵观历史，但凡流芳千古的官员，皆是清廉律己，心系百姓和国家社稷，为百姓办实事，为国家做贡献的人。他们当中有些人一开始官职并不高，比如西汉的黄霸起初只是一名卒史，但因为他为了百姓的安居，打击土豪恶霸，不但赢得了百姓的爱戴，也得到了汉帝刘询的嘉奖，最后被升为京兆尹。

陈廷敬指出，“若民犯法者多，刑辟不止，恶在其能察吏也。”如果官吏心中时刻装着百姓，以百姓利益为先，与百姓心连心，同呼吸共命运，为百姓鸣不平，替百姓伸张正义，百姓就不会发生暴动，社会也就能够安定。反之，百姓时常受到压迫和欺凌，生活苦不堪言，就必然会有怨气，社会也就自然无法安定。

北宋包拯曾说过：“法令既行，纪律自至，则无不治之国，无不化之民。”对此陈廷敬也持同样的观点。他认为，为官之人一定要有维护公正之心，要做到“寸心不昧”，不遗余力地维护法纪，保障百姓的生活。只有为官者起到了表率作用，当地的风气才会变好。

陈廷敬致仕之后，康熙不舍放他回去，便又下旨让他重掌阁务。在此期间，陈廷敬虽无官职，但诚心依旧，仍然按照大学士的标准要求自己，只是每有公事文札上书时，一定会在自己的官衔前加上“予告”二字，以说明他已不是朝中官员。典籍官对他很是钦佩，准备重新为他请俸，俸禄就以大学士官衔的俸禄为准，陈廷敬得知此事后坚决制止，称自己已经不是朝中官员，无权再领朝中俸禄。

晚年的陈廷敬检点自己的一生，确如父母所期望的那般清廉自守，他颇感心安，于是在诗中写道：“不负当年过庭语，先公曾许是清官。”

拒不接受贿赂

笔者问曰：身为官员，有人私下委托帮忙，并送上礼物，是否应该接受呢？

陈廷敬答曰：在部绝请托，禁馈遗。

在清朝，很多读书人以做官为最终目的，为的就是能够有朝一日飞黄腾达，财源滚滚。在许多人心目当中，当官远比做生意要容易发财，因为一旦身居官职，有了权势，自然就会有许多富贵之人主动上门攀附，各种贵重的礼物也就会自动送上门来了。

在这种观念的驱使下，清朝官场越发污浊，有些人大贪，有些人小贪，并视这种现象为理所应当。他们当中的一些人甚至认为，腐败的人越多，腐败的面越广，腐败者就越“安全”。所以，对于接受贿赂之事，有的人一开始是拒绝的，然而随着为官时间的增加，看惯了身边的种种“潜规则”，他们便也渐渐放纵自己，给自己的后门开了一条缝，允许那些存心讨好他们的人出入其中。

陈廷敬曾在奏疏中说道：“贾谊所谓一人耕之，十人聚而食之，欲天下无饥，不可得也。百人织之，不能衣一人，欲天下无寒，不可得也。其始由于不俭，其继之于不廉，其卒至于天下饥寒。”在他看来，一切不廉之风起于贪，一旦贪了，则无论百姓怎么努力工作和生产，都无法达到天下无饥和天下无寒的理想社会状态。

与这些人不同，陈廷敬却一直保持着节俭的美德，不追求物质享受，“贪”这个字自然也就与他沾不上边。既然没有贪念，自然也就不可能成为贪官。虽然入朝为官后，身份和地位发生了变化，但对陈廷敬而言，这并不是提升物质享受的理由。他在生活上和普通百姓几乎没有差别，他的门人送给他别号“半饱居士”，便是形容他平定知足，生活清俭，从不贪心。

有人认为，陈廷敬之所以不贪，是因为自小衣食无忧，不曾因贫困而饥不裹腹，所以才不明白富贵生活的重要，才会对富贵之物没有奢望。非也！事实上，一个人是否贪婪，与他的家庭环境并无绝对联系。

在历史上，卖官鬻爵的现象时有发生，有许多富贵人家为了让孩子能够中举入仕，向考官或朝中官员行贿，正如在书中一开始提到的那样。这些有钱人家的孩子靠着家里贿赂才考中举人，当上官，就认为钱是万能的，为官之后自然不放过任何一次敛财的机会。他们贪起来，往往比那些穷怕了的人贪得更甚。

陈廷敬虽然家境富裕，但他却是靠着真才实学得到赏识的。他本就知道，一个人若是贪得无厌，必然会多行不义，自取灭亡。何况自参加科举考试以来，他亲见过一些优秀学子只因不肯贿赂考官，最终与本应取得的名次失之交臂。这种种加在一起，更令他痛恨贿赂之事，所以旁人想通过向他送礼而得到好处，是万万不可能的。

“人无礼则不生，事无礼则不成。”中国人自古便讲究礼尚往来，你敬我一尺，我还你一丈。亲朋好友之间，逢年过节，家中添丁，红白喜事等，人们总会以送礼来表达心意。直到现在，这种方式仍然为人们所延续。

这种千百年来留下的习俗传到别有用心的人那里，便成为了他们“公关”官员的利器。每逢节庆，他们便会提上礼物，去官员家中做客，美其名曰“尽礼数”“表心意”，实则想要以此来收买官员，以便有事时对方可以帮自己一把。

身为父母官，就应体察民情，为民请命，为民做主；身为朝中要员，就应进献良策，辅佐皇帝，治理国家；身为战将，就应固国保家，不惧安危。但只要一受贿赂，所有这一切便付之东流。

俗话说，拿人手软，吃人嘴短。拿了别人的好处，这关系就自然不一样了。官员收了礼，心中便会有所思量，当送礼之人表示遇到了困难，需要他帮一下时，他就没有拒绝的理由了。因为拿了好处而帮人办事，替人说好话，甚至因此无视公正，只凭私心，官员就成了不法之徒的帮凶。

作为刑事案件的主审官，若是只有一方送了礼，另一方全然没有表示，官员心里的天秤自然就会向送礼的那一方倾斜，在断案时就难免会不公。如果两方都送了礼，那么礼物更加贵重的一方就会受到更多的优待。最后就会造成富人为所欲为，穷人无处申冤。

陈廷敬很清楚收贿赂会产生怎样的后果，所以对于有求于他而上门送礼的人，他一概拒之门外。无论对方在门外等候多久，有什么样的理由，他都不会开门让对方进府。

还有些人认为，只要不收金银、玉器、珠宝之类的贵重物品，偶尔收些礼物算不上什么严重的事，可他们忽略了一件事，积少成多。况且，人的欲望是会膨胀的，收礼这种事与吸食鸦片性质相同，一旦有了开始，就会一发而不可收拾，日益严重。

贪官不是一日养成的，小恩小惠收得多了，也会欠下大人情。史上不知有多少官员，只因一步迈错，便越错越远，最后无法回头。

后汉时，有一位以清廉著称的官员羊续，他刚任南阳郡太守时，一位府丞听说他爱吃鱼，便给他送去了一条白河鲤鱼。这种鱼是南阳郡的特产，味道鲜美，口碑极佳。这位府丞心想，羊续为官清廉，贵重的礼物不肯收，自己只送条鱼给他，他又那么喜欢吃鱼，应该会收下。

羊续再三推让，见这位府丞坚决不肯把鱼拿走，只好收下了。府丞见羊续收下了鱼，心里暗喜，以为自己找到了拉拢羊续的方法，于是过了一段时日，又带了一条更大的鱼上门。没想到，羊续指着屋外柱子上吊着的一条鱼干说，上次的鱼他并没有吃，请府丞将鱼干和鲜鱼一起带走。

有人觉得羊续太教条，鲤鱼又不是珍贵之物，收下享用又何妨？其实不然。试想，如果他收下了第一条鱼，之后就会有第二条、第三条，随着收下的鱼越来越多，这位府丞和他的关系也就越密切。但凡有一日，这位府丞有求于他，或者犯了罪过，出于人情，他必然要施予关照，手下留情。这样一来，所为就不公了。

为官之人，若想保持清廉，秉公执法，就必然要格外注意处理和他人的关系，严格要求自己，不收他人一点恩惠。即使是所谓的“节日人情”，也不能大意。“节日人情”一直被人们视为平常事，认为过节时送点小礼只是一种礼仪，这其实是思想认识的不到位。从古至今，许多腐败官员都是因为没能在小礼上提高警惕，最后才被拉下马的。

陈廷敬出身书香门第，自小便受到严格的教育和儒家思想的熏陶，极其注重个人修养。于他而言，礼仪不可少，但礼物却不可收。为官之后，陈廷敬时刻铭记多年来家中对他的教诲，谨遵为人之道和为官之道，从未有过半点偏差。

陈廷敬刚到礼部上任时便立下了规矩：“自廷敬始，在部绝请托，禁馈遗。”对于礼部一直以来的情况，陈廷敬自然是知道的，所以他告诉所有人，无论我来之前，这里有多腐败，现在我来了，就要遵守我的规定。只要我在，礼部便不可接受馈赠，不能收人好处，帮人办事。

陈廷敬的清廉让一些想要投机的人无计可施，他们见正面行不通，便想试着借他家人之手把礼物送进去。可没想到，这一招也行不通。原来，陈廷敬早就严令自己的家人不许收贿赂，他的家人皆以他为主，自然不会擅自收下贿赂。

当官员把受贿当成了习惯，世上便再无公平公正可言。一旦社会上形成了不送礼便办不成事的风气，这个社会就要垮了。

只有品质高洁的人，才能抵得住各种诱惑，保持一身正气。只有这样的人为官，才能真正为国家、为百姓造福。陈廷敬对贿赂持有坚决抵制的态度，这种态度使他在礼部就职期间，得到了许多品质高洁之士的尊重，皇帝对他的为人也极为欣赏。

不为私欲耍手段

笔者问曰：如果很多人一起收人好处，是否就不算谋私利？

陈廷敬答曰：吾自矢不受一钱，愿与诸公同之。

能者多劳，适才量用。陈廷敬入朝以来，深得两朝皇帝的信赖和器重，尤其是在他任康熙的老师后，每日与康熙讲解经学，传达儒家思想，深得康熙心意，所以康熙对他除君臣礼仪外，还有格外的尊重。每逢朝中有难解之事，康熙都会与陈廷敬商讨，寻找解决的方法。有时，康熙还会将一些重要之职委派于他。

康熙二十三年三月（1684年5月），身为吏部左侍郎兼右侍郎事的陈廷敬被康熙指派了一个特殊的任务——管理钱法。

管理钱法，简单解释就是对朝中铜钱的生产、储藏和流通进行管理，以确保国库的稳定，避免财富流失。清朝的钱法以往都是由钱法堂进行管理。钱法堂并非机构，而是专门管理钱法的官职，户部和工部都设有钱法堂，每部的钱法堂都由一满一汉两位右侍郎兼任。

工、户两部皆设有铸钱局，但所铸之钱的用途不同。户部的铸钱局为宝泉局，在此局所铸的钱主要用作国家军饷，可在全国范围内流通，与每省分设铸钱局所铸的钱使用方式相同。除宝泉局外，每省都有各自相应的铸钱局，这些铸钱局的名字也都以“宝”字开头，如山西的宝晋局，浙江的宝浙局，四川的宝川局，广西的宝桂局等，所铸之钱皆可在市面上流通。

工部的铸钱局为宝源局，仅此一家。此局所铸的钱仅用作工程经费，归工部所管，不得擅自挪作他用，也不可在市面上流通。每一年，工部都会收到一定数额用于铸造铜钱的铜铅，工部的钱法堂需要记录铜铅的数量，以及它们成色如何，耗时多久、于何时运送到铸钱局等。铜钱铸成之后，工部钱法堂要按照之前的记录对所铸成的铜钱进行掌核，以判断所铸铜钱数是否正确。一切就绪后，工部钱法堂还需要将这些数据上报给户部。

按常理，国家钱法有钱法堂监管便可，康熙之所以派陈廷敬另率人马管理，主要因为平定三藩后，清朝的货币出现了危机。

明清之际，孔有德、尚可喜、耿仲明和吴三桂见明朝将亡，便各自率领部下降于清军。清帝见状大喜，于是将他们四人封王。顺治年间，这四人自告奋勇率清军南下，清理明朝余党，为顺治朝立下大功。顺治见状，便命吴三桂、尚可喜和耿仲明之孙耿精忠留在南方，分别镇守在云南、广东和福建三地。

吴三桂、尚可喜和耿精忠各据一方，势力日渐强大，成为当时势力最大的“三藩”，他们渐渐不把朝廷放在眼里，为所欲为。康熙继位后，见三藩势力发展迅速，担心再这样放任不管，他们迟早会对清朝形成威胁，于是采取了一系列抑制三藩的措施。最后，康熙在三藩假意请撤时顺水推舟，废除了三藩。

三藩大怒，立刻带领一干人等发动了叛乱。由于三藩势力强大，兵力也很强大，清廷足足花了八年时间才将这场叛乱平息。在这之后，康熙为了统一疆土，采取了一系列行之有效的治国安邦举措，社会渐渐恢复了稳定。但由于之前的平乱持续时间太久，消耗了大量人力、物力和财力，使清朝伤了不少元气，所以随着人们的生活日渐恢复正常，经济开始有了新的发展，新的问题也随之出现了。

凡事有利便有弊，经济的发展确实促进了社会的发展，但同时，社会对货币的需求也在日渐增加，从而出现了货币极度短缺的情况。货币短缺使钱价变得越来越贵，严重影响了社会经济的发展。为了解决这一问题，康熙试过许多办法，也多次对有关部门下达了严格的命令，然而这些措施都没能起到效果。无奈之下，康熙想到了陈廷敬，命他管理钱法。

管理钱法在许多人眼中可谓是项肥差，都说近水楼台先得月，只要足够精明，稍做手脚便可以将国家的财产窃为己有。康熙对此自然也是知晓的，所以在选定钱法堂时，他最看重的是对方的人品，只有不存私心、一身正气之人才有资格担当此职。

人品固然重要，能力也不可或缺。身为钱法堂之人若是只知遵规守矩，头脑却不够灵活，想不出解决问题的办法也是不行的。想要寻一能力与品质皆值得信赖之人实属不易，再三考虑，康熙最后决定将这一重任交给陈廷敬。相识多年，康熙对陈廷敬的人品早已熟知，对他的能力也非常钦佩，若他也不能任此职，朝中便再没有其他人可以任此职了。

陈廷敬接旨后，便带着康熙安排给他的三名部下——兵部侍郎阿兰泰、刑部侍郎佛伦和都察院左副都御史马世济上任了。

在监督铸钱过程时，陈廷敬发现其中有许多如浮收、冒领之类的不良现象，这些都是导致铜钱不足的原因。以往一些兼任钱法堂的官员或玩忽职守，对铸钱过程中出现的现象不予理会；或监守自盗，借职权之便，领取自己应得的铜钱后，又以他人之名冒领，以丰富自己的小金库。在这些官员的影响下，不正之风悄悄蔓延，以至其他内部人员也纷纷效仿。

近朱者赤，近墨者黑。一些官员曾经因官场内部“潜规则”，存有侥幸心理，时常占点小便宜。自陈廷敬到任后，其他官员看到他的廉洁作风，一方面对自己所做过的事感到羞愧，一方面担心自己再有差错会被陈廷敬严肃处置。在陈廷敬的影响下，其他的官员纷纷改变了自己的工作态度，收敛起贪小便宜的念头，对自己严格要求起来。

陈廷敬任都察院左都御史后，继续兼管钱法。他认为，想要彻底杜绝钱法方面的种种问题，必须先从整顿风纪入手，当所有与钱法有关之人都能够清廉奉公、不存私欲时，钱法相关之事自然也就得到了净化。于是，陈廷敬提出，所有与钱法有关之官员，须与他一同立誓，戒私心，戒欺瞒，戒一切陋规。

在管理钱法之时，陈廷敬曾对宝泉局的同僚们说：“此天下钱之所由出也。吾自矢不受一钱，愿与诸公同之。”意思是宝泉局所出之钱是属于天下百姓的钱，他不会私占一钱，希望所有人都能和他一样，不要将天下百姓的钱占为己有。陈廷敬言之必行，在之后的日子里，他一直一丝不苟地进行钱法管理，没有做过半点徇私之事。其他官员见他如此，自然也不敢松懈。

自陈廷敬说出“吾自矢不受一钱，愿与诸公同之”这句话几个月后，一名监督官员交给陈廷敬几枚古代的钱币，说是自己在废铜中捡到的。陈廷敬将其中一枚钱币放在手中掂量，感到这枚钱币大约半两重。仔细辨认之后，他发现这枚是秦时的钱币。

监督告诉陈廷敬，人们都说把古代的钱币戴在身上可保人吉祥平安，并请陈廷敬将手中那枚秦币佩戴在身上。陈廷敬当时听了监督的话，便用绳子将秦币系在了腰间，日日佩戴。又过了几个月，陈廷敬由于都察院公务缠身，没办法亲去宝泉局检验铸币一事，宝泉局的吏员便把铸好的新钱拿到都察院请陈廷敬验收，待陈廷敬验收过后，再把钱币带回宝泉局。

钱币是用绳子穿在一起的，检验时需解开绳子，散布于席上，检验完毕后再穿好绳子带走。等吏员离开后，陈廷敬突然发现，席上还有一枚铜钱，应是吏员在串铜钱时不小心遗落的，于是他将此枚铜钱收了起来。

第二天早上，陈廷敬去宝泉局理事，想起铜钱之事，不由得心里一惊，自己早在众人面前发过誓，不受一钱，如今却先收下了秦币，又收起了新币，“前后取其钱二，其何以自明？”想到这里，他急忙把宝泉局的官吏叫来，对其说了此事，将一古一新两枚钱币交还给了宝泉局，这才心安。

私存两枚铜钱并不算大事，陈廷敬却视此事为自己的失德之举，难以放下。而后，他将此事写为一文，题为《二钱说》，并在文章的结尾写道“书其事以自警”，可见他对这件事的重视，以及对自己品德修养的严格要求。

现代人在小时候应该听过一首儿歌叫《一分钱》，歌词内容很简单，讲的是一个小孩子在马路边捡到了一分钱，没有自己留下，而是交给了警察叔叔。小时候，大家会大声地唱这首歌，也会照着歌词的内容去做。

其实，这首歌和陈廷敬的《二钱说》有些相似，它们同样向人们传递了一种“不以恶小而为之，不以善小而不为”的思想。虽然当今社会中，一分钱能做的事已经很少，但这种不贪小便宜、路不拾遗的精神仍然要保持下去。在金钱问题上，一定要保持绝对的清醒，金额有大小，但性质无大小。平日里，即使面对的只是微不足道的一分钱，也不要放任自己的一时之欲，以免形成恶习，误入歧途。

家财万贯不如书香满堂

笔者问曰：身为父母，是否应该在为官时努力积累财富，以保子女一生荣华？

陈廷敬答曰：纵有金书，不把吾儿遗。

世上父母皆爱子女，都希望子女能够过得幸福，只是爱的方式不同。有些父母希望为子女留下万贯家财，让他们一生享尽荣华富贵，衣食无忧；有些父母则希望为子女留下数不尽的精神财富，以便他们在生活中可以领悟其真谛，在这些精神财富的帮助下成长为有用之才。于是，第一种人为官后，为了满足私心，不断敛财和积财；第二种人为官后，则可做到公正无私，拒收一切不义之财，一生清廉。

人们常说可怜天下父母心，父母疼爱子女，世人皆可理解，也会为之动容。可若是父母为了子女的“幸福”而去犯错，则于情可谅，于理不容。况且，他们如此做法不但无法给子女带去真正的幸福，还可能令子女迷失在物质财富中，毁掉他们的前程。

自古以来，所有清廉明智的官员都属于后者。西汉太子之师疏广认为，“贤而多财，则损其志；愚而多财，则益其过。且夫富者，众之怨也。吾既无以教化子孙，不欲其过而生怨。”

东汉杨震则认为，“使后世称清白吏子孙，以此遗之，不亦厚乎！”南北朝的徐勉则说，“不营产业，俸禄分赡亲族之穷乏者。”陈廷敬与他们一样，都是有远见、用心良苦的清官，对待子女时，自然也更加注重对其品德的培养，而不是用物质财富填满他们的生活。

陈廷敬这一支从三世祖陈秀起，每代都有人为官，且都是清官。陈秀为官清严刻励，为官期间从不占百姓一针一线，致仕后，百姓们自发为他设立了生祠，以表感激之情。后来陈廷敬的大伯陈昌言也因为官清廉，“胥无容奸”，而得到百姓尊重，百姓们也为他建了生祠，时时供奉。陈廷敬的堂弟陈廷愫曾任武安知县，在位期间尽心尽力，不贪一钱，深得民心，被当地百姓称为“陈青天”。

祖先的勤俭为陈家后人留下了丰厚的物质财富，再加之陈秀从不挥霍，虽然没有刻意为孩子创造物质条件，却也积累下不少财富。但是，他给孩子们留下最宝贵的财富并不在于此，而是他所作的文集《述先草》。这部文集中收录了多篇由他所作、用以明志教子的诗词和散曲，对于陈家后人而言，这才是陈家最宝贵的财富。

“爷今系宦途，儿独营家计。清勤爷自守，孝友在儿为。爷事儿知，浊富非吾志，宁怀一念私！享浊富徇利亡身，怀私心违天害理。”在陈秀所作的《南宫一枝花》中，我们可以读出他自己的志向和对儿子的期望。

当时，陈秀整天忙于公务，家中的事全靠儿子们打理，对此，他有些欣慰，也有些不放心。欣慰的是儿子懂得为自己分担家事；不放心的是，自己不在他们身边，无法规范他们的言行和思想。于是他写下了这首词，提醒儿子们要孝顺友爱，并告诉他们，不义之财会使人丧命，心存私念容易违背良心，天理不容。他告诉儿子们，自己不求不义之财，只愿一生公正处事，公平待人，希望儿子们也能如他一样，胸怀坦荡，远离不义之财。

之后，陈秀还写了数篇教子词，用以告诫儿子切莫贪心。在《梁州第七》中，他告诉儿子们要谨记“修职业要如清献，不贪财欲比元之。”清献是指宋朝名臣赵抃，因为人耿直，不畏权势，人送外号“铁面御史”。元之是指北宋诗人王禹偁，此人也同赵抃一样，不畏权贵，敢于直言，在奉旨起草《李继迁制》时，拒绝了李继迁向他所受贿赂，此事被传为佳话。陈秀希望儿子们能以这两人为榜样，坚持信念，拒不收贿。

《教子词尾》是陈秀作的最后一篇《教子词》，在这篇词里，他说自己年纪已老，精力已衰，“谋生懒用机”，希望儿子做事前一定要先想一想道义。他希望儿子要遵守道德，勤奋努力，不要指望靠他留下的家财安享富贵，并说自己“纵有金书，不把吾儿遗”。

清末官员林则徐说过：“子孙若如我，要钱干什么？贤而多财，则损其志；子孙不如我，留钱做么？愚而多财，益增其过。”这段话被许多人当作至理名言。即使是在当今社会，许多官员和企业家也以此为准则，即便自己位高权重，也不为子女谋私分毫。陈秀虽然只说了一句“纵有金书，不把吾儿遗”，但从他的诗词和生平中，可以看出他心里所想应和林则徐是相同的。

陈家世代以这些《教子词》为家训，规范自己和后人的思想道德，并将它们代代相传。陈廷敬的大伯陈昌言“每捧读之，奚啻义方训，允为子若孙守身家良谟也”，并说“佑启我后人，尚念毋忘”。陈廷敬也说过：“迄今予家食醇厚和平之福者，实肇于此也。”康熙曾在一首五言律诗中写道：“礼义传家训，清新授紫毫。”说的就是陈家家训世代流传的情况。

家训传至陈廷敬时，已是第九代。顺治十五年至十七年，陈廷敬以庶吉士的身份在翰林院庶常院学习满文。顺治十八年，陈廷敬被顺治任命为会试同考官，即协同主考或总裁阅卷之官。同时，他还被授秘书院检讨。自此，他开始了自己的为官生涯，一生几次升官，先后担任检讨、国子监司业、内弘文院侍读、奉政大夫、侍讲学士等职，后又升为内阁学士、礼部侍郎、经筵讲官、翰林院掌院学士，最后官至左都御使、工部尚书、吏部尚书。

相比于祖先，陈廷敬没有为子孙留下太多告诫他们的诗词，只有那一首《诫子孙诗》因其中“凭寄吾宗诸子姓，清贫耐得始求官”两句流传甚广。陈廷敬虽然没有为子孙后代留下许多名篇佳句，但是他将祖上流传下的这些祖训很好地保留了下来，并且传给了他的儿孙。况且，有陈家先祖们的家训，已经足矣。

有关陈廷敬清廉为官的一生，文中已多次提及，故此处不再一一列举。陈廷敬的子侄共二十人，其中有九人当了官，分别是他的长子陈谦吉，次子陈豫朋、三子陈壮履、侄子陈随贞、陈咸受、陈赍懿、陈观颙、陈复刚和陈坤载。九人之中，无一人曾在廉政方面犯过错。陈豫朋在地方为官长达七年，为百姓做了许多好事，且“清介自守，不名一钱”。得知儿子为官的情况后，陈廷敬深感欣慰，作诗勉励他“敝裘羸马霜天路，赖汝清名到处传。”

陈氏家族的治家格言中有云：“贫莫断书香，富莫入盐行，贱莫作奴役，贵莫贪贿脏。”世人皆称赞陈家人才辈出，为官者共38人，个个是清官。这都是由于陈氏家族世代延续着德善为先的理念和清廉为官的宗旨。陈廷敬时常教导子侄们要清心寡欲，克己自守，“更得一言牢记取，养心寡欲是良规”。平日里，长辈们对子孙都非常严格，凡触犯家规家训之人都要去思过室闭门思过。

如今，几百年过去了，陈家的后人们仍然能够享受到陈家祖先们的恩德。陈廷敬已身故多年，但陈家后人仍然秉承着“凭寄吾宗诸子姓，清贫耐得始求官”的家训，严于律己。陈廷敬的第二十三代孙陈超说，他从很小时便被父母要求背诵陈氏家训。起初，生于现代的他并不懂其中的含义，于是只能死记硬背，心里也曾有过抱怨。随着年龄的增长，他才开始明白家训的真正含义，并且由衷敬佩祖先的英明。他说，他在生活中体会到了这些家训对他的帮助，理解了父母和祖先的苦心，他也会将家训传给他的孩子，让孩子从小受到高尚品德的熏陶。

世间财富分两种，一种是物质上的，一种是精神上的。物质财富能给人带来一时的喜悦和激动，却不能让这份心情长久保持。真正能够历久弥新的，是精神财富。陈家这种“修齐治平”之道，就是祖先留给后人们的精神财富，它能够激励一代又一代的陈家人，让他们成长为正直的人、有用的人、清廉的人，而且不会随着时间的流逝而减少，所以说，这才是留给子孙最好的财富。

古往今来，天下贪官都只愿给子孙留下物质财富，而视精神财富为无用之物。他们以为这样做就能让孩子一生幸福，可事实上，他们的愿望都落了空。物质财富很快就被挥霍无几，到头来，他们的子女两手空空，脑袋也空空，根本没有办法拥有幸福。再看历代清官廉吏，他们从不给子孙置办家产，也不给子孙积攒金银，他们给子孙留下的，或是满室的书卷，或是亲自口授的至理名言。这些都是精神上的财富，它们能够伴随孩子一生，丰富孩子们的头脑和心灵，这些孩子才会拥有真正的幸福。

所以说，家财万贯不如书香满堂。这书香并不单纯指可翻阅的书籍，也指精神上的财富。教会孩子分辨是非的方法，使他们明事理、伸正义，能够以正当的手段朝着自己的目标努力，才是真正的爱他们。

以民为本，体恤百姓

笔者问曰：为官之人应该如何做，才能维持社会的安定？

陈廷敬答曰：以至诚恻怛之心，为爱养斯民之政。

“以民为本”是我国的传统治国之道。民，即百姓。“以民为本”便是要以百姓为根本。在治世方面，陈廷敬提出要“为政为民”，其实也是“以民为本”的意思。

“以民为本”是儒家学说的重要组成部分。在儒家思想中，身为统治者，做任何决定前，都要先考虑到百姓的利益，将百姓的利益放在最前面。孟子曾说过：“民为重，社稷次之，君为轻。”也就是说在社会中，最重要的是百姓，其次重要的是江山社稷，最不重要的是君王。

在封建君王统治的时期，孟子以民为本的观点在一定程度上侵犯了统治者的利益，否定了君王的权威，所以一度被一些君王视为忤逆之事，支持这一观点之人很多都遭到了迫害。但暴君和昏君们忽略了一点，百姓是构成社会的基础，没有了君王，国家会因缺少法制而陷入混乱，但若是没有了百姓，国之不存，王又如何可存？

陈廷敬生于明末清初，年幼的他曾亲身经历过朝代的更替，也曾亲眼目睹过百姓流离失所，在痛苦中挣扎，这一切都让他幼小的心灵受到了震撼。长大后，陈廷敬更加深知以民为本的意义，于是辅佐两朝皇帝时，他便时时向皇帝进言，请皇帝体察民情，为民着想。

回顾历史，关于“以民为本”的思想存在久远，关于此观点的记载最早出现于殷周时期的《尚书》中，以“民惟邦本”记录。最早明确提出这一观点的则是春秋时期的管仲，《谷梁传》中提到他曾说过“民邦为本”“民为贵”“民者，君之本也”。管仲之后，也常有人提出国家应以民为本，才可长久发展。比如贾谊就曾在《新书·大政》中指出：“闻之于政也，民无不为本也。”

身为朝廷命官，陈廷敬也将这一思想视为己任，不但在为官从政时坚持以百姓为先，事事为百姓着想，还将自己以民为本的理念贯穿于自己的文学作品中，多次提到亲民、便民、恤民、为民等词。

陈廷敬热衷于研究经学，所以他的一些有关民本的主张也是基于经学理论而发出的。比如“益下”的思想就源于《易传》

中《益》卦的传注。

《易传》是一部关于哲学伦理的专著，与《周易》同属于《易经》，其主要内容为对《周易》的解释。《易传》中共有七篇文章，分别是《彖传》、《象传》、《系辞传》、《文言传》、《说卦传》、《序卦传》和《杂卦传》。

《彖传》中包含《损》《益》两卦，其中《损》卦为：“损，损下益上，其道上行。损而有孚，元吉无咎，可贞，利有攸往。曷之用二簋，可用享。二簋应有时，损刚益柔有时。损益盈虚，与时偕行。”以往一些人用此卦来解释为政之事，认为此卦强调要以削减百姓之利，君王的利益才得以长久，地位才能巩固，这种解释深合一些君王之意，于是他们加强苛捐杂税，不惜重金修建行宫、祭台等，而不理会百姓已处于水深火热之中。

在儒家传统的观点中，“扶阳抑阴”才是正论，而《损》卦中却说要依靠“损下体之阳刚，益上体之阴柔”来使阳刚之道渐渐上升，和传统的儒家思想有所冲突。陈廷敬认为，这便是以往解释之人对此卦产生误解的原因。他说：“《损》卦，本无剥民奉君之说，……故曰‘其道上行’，‘损下益上’义本如是，亦非恶事也，行尝为损民益君哉！”

陈廷敬解释说，《损》卦之中的“上”确实是指君王，但“下”其实是指臣子而非百姓，“损下”实则强调的是身为臣子，需要为君着想，分君之忧，以君为重。他说，《损》卦的本意在于就如何调节阴阳、刚柔的关系进行论述，本未涉及到剥削百姓以益君王的意思，后人对此卦产生了误解，才会将它与君民关系联系在一起，并以此为依据高谈阔论，称应以君王为重，民为轻。

事实上，出现这种误解的主要原因，是君重民轻的思想在中国古代根深蒂固。虽然每朝每代中都曾出现过有识之士，向君王进谏良言，或是有一些聪明的君王悟出了“君重民轻”无法长远，主动推行以民为本的政策，产生了一定的成效，但最终也还是无法延续太久。一方面，一些君王自身仍然期待“君重民轻”；另一方面，新君不愿延续旧君的思想而更改政策的情况也时有发生。总之，到头来，改朝换代又一次重演，受苦最大的仍然是普通百姓。

陈廷敬认为，在《易传》中，真正谈及治世之道的非《损》卦而是《益》卦。《益》卦中写道：“益，损上益下，民说无疆。自上下下，其道大光。利有攸往，中正有庆。利涉大川，木道乃行。益动而巽，日进无疆。天施地生，其益无方。凡益之道，与时偕行。”他对此卦的解释为，减少君王的利益，从而增加百姓的利益，百姓必然欣喜，心存感恩，对皇帝更加尊重和拥护，国也就更好治理。

旦凡出现盛世的朝代，都有一位体恤百姓的明君。例如陈廷敬所提到的汉文帝刘恒，执政时励精图治，不过多干预百姓经济。他深知于国而言，必先保百姓生活安定，丰衣足食，于是尽力为百姓减轻负担，为保十家之财而舍建露台，又免去了田租。百姓生活安稳，自然对他感恩戴德，再无暴乱之事。

唐太宗李世民也是如此。他关爱百姓，赞成民贵君轻的观点，并提出了“国以民为本”，“民可以载舟，亦可以覆舟”。在他的治理下，百姓和睦，国泰民安，开创了中国历史上著名的“贞观之治”，被后人传作佳话。

民如水，君如船，水能载舟，亦能覆舟。百姓的利益一旦受到侵犯，国局必然动荡，只有百姓满意了，国才会安定，天下才会太平，君王的地位才会得到巩固。在以民为本的主张中，王权看似被削弱，却赢得了民心，受到了百姓的爱戴和尊重，如此一来，治理国家才变得更加容易。自古以来，明君治理国家时，皆遵守以民为本的原则，关爱百姓，所以才会有太平盛世，社会安定，国家昌盛，百姓安居乐业。

人们把清朝出现的“康乾盛世”归功于康熙、雍正、乾隆三位皇帝的英明睿智。但后人在评价康熙时，也认为他能够成为历代君王中学识最出类拔萃之人，除了自身的刻苦奋进外，还要感谢身边的儒臣在经筵上对他孜孜不倦的教诲。

在清朝，皇帝需要不断学习，经筵就是一种为君王所设的御前讲席。陈廷敬身为翰林院学士，而且研究经学多年，对经学有极深的领悟，在学识方面自然不需多说。而且他为人正直，洁身自好，所以由他来担任康熙的经筵讲官是当之无愧。

清朝的经筵和明朝相似，为了使君王受到持久的教育，采用了日讲的形式。康熙天性好学，年少时曾因过分损耗心血于学，劳神伤身，不得不降低经筵的频率，改为两日一讲。待年龄增长后，康熙便又将经筵改为了日日进讲，坚持不懈地向朝中儒臣们请教。陈延敬日日与康熙相处，除了教给康熙经学知识外，其人格对康熙也产生了一定的影响。

担任经筵讲官时，陈廷敬着重向康熙讲解了《益》卦，并对康熙说：“以‘益下’为益民，此则得其解矣。”他希望康熙不但能够明白其意，还能认识到这样做的重要性，于是又对此卦进行了详细的说明。

陈廷敬告诉康熙：“‘损上益下’之主，以至诚恻怛之心，为爱养斯民之政，初不计民之为我用也。”这句话是说，“损上”看似在损伤君王的利益，实则不然，“损上”可得民心，而得民心者又可得天下，故“损上”其实也是在“益上”。他说：“举天下之大事在于得天下之民心。而所以得民心之道，惟在圣君贤臣朝夕讲求，以实心行实政，非一切权宜之计所可机也，如汉文帝之止辇受言、唐太宗之虚怀纳谏。所谓谏行言听，膏泽下于民，此交之义也。”

陈廷敬一边讲解，一边引用史实诠释重民轻君之重要性。康熙听后，对陈廷敬的观点深表赞同。在陈廷敬的教育和人格影响下，康熙成长为一代明君，在位期间不曾对百姓有扰，还提出了“盛世滋生人口，永不加赋”的主张，开启了“康乾盛世”的篇章。

以为生民立命为责

笔者问曰：为官之人应以何为工作重心？

陈廷敬答曰：民命之生死，国家安危。

在封建社会，统治阶级和百姓之间的关系，主要以民生问题为纽带。想保朝局稳定，为君者当以民生为主，考虑百姓存亡，制定有益于百姓生活的政策；为官者也应以民生为主，为民请命，安定民心。若是只顾自己的颜面，只谋自己的私利，必然会引起民怨。民怨越积越深，国之根本就越动摇，社会就越不容易安定。

有时，朝代更替能够从一定程度上缓解社会矛盾，但朝代更替之后，新君新政有时会给百姓的生活带来更多的困扰。而且，朝代的更替往往伴随着战争，经历了一场兵荒马乱的浩劫后，百姓的生活也变得苦不堪言。

康熙登基时，清朝虽已经发展了十多年，但尚且处于发展初期，国家刚刚稳定，民生还很艰难。即使是在康熙继位二十四年后，京城的治安状况仍十分恶劣，偷盗抢劫之事屡有发生，赌博、斗殴等相对轻一点的罪行更是家常便饭。社会乌烟瘴气，百姓民不聊生。

北宋著名理学家、哲学家张载曾用四句名言表达了自己的心迹："为天地立心，为生民立命，为往圣继绝学，为万世开太平。"其中"为生民立命"指的是，要为民众选择正确的命运方向，即让民众摆脱困苦，过上幸福的生活。

张载的"四为"名言简单有力，令人闻之鼓舞，许多有志官员都将这"四为"作为自己的座佑铭，督促自己，提醒自己。陈廷敬也听过这四为名言，并对其中"为生民立命"一句深有感触。他说："民命之生死，国家安危。"在对应与民生有关的问题时，必须格外谨慎，要以让民生得到改善为宗旨去实施。

身为朝中重臣，陈廷敬将民生作为自己工作的重心，视"民乐其生"为自己的责任。为了解决民间疾苦，陈廷敬提出，要对社会环境进行净化，使社会环境变得更加适合百姓生存，使百姓不需整日为了人身财产的安全而忧心忡忡。

针对一直以来京城"盗窃公行，居民不得安静"，却又始终没有专门部门管理的情况，陈廷敬上报康熙，建议："盖番役在捕营，未必尽得其用，若令五城司坊兼辖，则臣等严饬，使察拿盗贼不法等事，可使人各尽力。"康熙听了他的建议后深感认同，便将此事交由他处理。

当时的陈廷敬身兼多职，管理治安也是他应尽的职责之一。陈廷敬认为，官员想要了解社会现状，就必须下到基层之中，体察民情，倾听百姓心声。只有了解到百姓们最需要的是什么，面对的最大问题是什么，才能知道社会最需要改进的是什么。

为了改善社会环境，陈廷敬亲自走访民间，对当时百姓的生活环境进行了细致的调查和研究。最后他发现，当务之急是“除害”和“御暴”，只有先完成了这两项，再去“兴利”，才能水到渠成。他说：“兴利不如除害，御暴即以安良。本院秉兹法纪，日夜兢惕，于地方民生利弊，莫不留心访察。近见京城种种不法之徒，恣意妄为。辇毂之下，岂容狐鼠昼行，魍魉肆虐？若不亟为剪除，则将民不聊生，视法纪为具文矣。”

陈廷敬写了《都察院堂示为饬禁剔病民十大弊以靖地方以安民生事》，在其中提出了十条用以安民生之举措，包括：禁盗源、禁唆逃、禁抄抢、禁赌博、禁诬板、禁斗殴、禁盘放、禁小里、禁倒毙、禁蠹役。为了更好地开展治理，陈廷敬对每一条措施都加以详细说明。

这十条举措中，一部分针对的是当时社会中常见的种种陈规陋习，如抄抢、斗殴等；另一部分则针对的是在官府庇护下开展的犯罪行为，如禁诬板、唆逃等。在诬板、唆逃这类罪行中，犯罪者所言往往并非实情，而是受人威胁或指示，以已之过嫁祸于指使者的仇人；聚众赌博、盘放之人往往私下和官府有勾结，双方利益均沾；至于蠹役之罪行，则直接由害民的差役所犯。

治理乱世，最忌官匪一家。一旦官府直接或间接参与了犯罪，成为犯罪者的保护伞，犯罪不仅不可能被真正、彻底地清除，还会日渐增长。在清朝，许多狡猾之人为保平安，便选择当地一些有权势之人做自己的靠山，平日多加巴结讨好，一旦犯了罪，只要往保护伞下一躲，至少可以活命。更有甚者利用官员的贪婪，拉其下水，使官员和自己成为一根绳上的蚂蚱，如此一来，官员为了个人利益，不但不会将他供出，还会极力保护他。

陈廷敬说："每闻积刁巨猾，必借衙门为护身符。是以剔奸锄恶之途，反为丛奸薮恶之地。"他在民间私访时，曾在城营司坊等衙门看到番役、总甲、皂头人等，"积年巨蠹，盘踞衙门。萑薄盗贼依此辈为泰山，蓬荜小民畏此辈如猛虎"。每逢节日，那些刁滑奸恶之徒纷纷设宴，轮流将这些官役请为上座，席间推杯换盏，极尽恭维。官役们喝得满面通红，满眼得意之色，与奸恶称兄道弟，好不热闹。

衙门本应是为百姓伸张正义之所，如今却成了恶徒的据点，时常有刁滑奸恶之人上门拜访，之后又满面喜色地离开。其官员与恶人蛇鼠一窝，放任甚至支持恶事滋生，为求结案，宁可将清白之人诬告为逃盗，也要包庇真正的犯人，百姓自然没有好日子可过。陈廷敬说，这样的衙门已经失去了它存在的意义。"凡盗窝盗线，城市多事，莫不由此辈而生。"

还有一些官员索性自己当起了恶人，陈廷敬的禁诬板一条就是针对这样的事所提出的。他说："每见地方失事，番快四出屣缉。或得一盗，不问真假，先以非刑拷打，授意供板，择人而食，谓之教点。不报真名实姓，止供外号排行。纠党行拿，排闼入户，掠其财资，辱其妻女，诬盗诬窝，蔓引株连。真盗尚无的据，平良早受奇殃。肆毒若斯，真堪发指！”

地方有案件发生，官衙并非置之不理，而是积极地四处缉拿，很快便捉到一人。官差将人带回官府，不分青红皂白，先毒打一通，然后强迫被打之人按他们的指示供出所谓真凶。若是不肯，便继续拷打，直到对方屈服画押才停止。这种屈打成招的现象便叫诬板，即用强势迫使别人进行诬告。一般被诬告之人都是与官府有过节的人，或者给过官府好处之人的仇家。

还有一种诬板与之类似，行凶之人就是官府之人。这些人或是看中了某家家财，或是看中了某家的女眷，便找借口闯入清白之家，大肆掠夺，还要给这家人冠以莫须有的罪名。他们任意抢夺家中财产，美其名曰收缴赃物。有时见家中有年轻漂亮的妇人或少女，便对其进行侮辱，或直接抢到府中。

其他官员去民间访查，有时草草查出几次小事便回到朝廷应付了事。有的官员收了好处，便对官衙的恶行睁一只眼闭一只眼。像陈廷敬这般尽职尽责，彻查时弊的官员，实属难得。在十条举措中，陈廷敬用简单却犀利的语言把当时衙门中的种种恶行一一揭露，并且揭露得非常彻底，足以体现他以民为本的为官之道，其爱民之心日月可鉴。

民生不安，国之可危。天子脚下的京城尚且如此，若是其他城市，天高皇帝远，情况必然会更糟。陈廷敬十分清楚，若是任由这种情形继续发展下去，社会越发动荡，百姓越发痛苦，不要说国之发展，怕是亡国之日已不远。他认为，当务之急是治理京城的环境，改善现状，同时命各地方官一并进行整顿。

陈廷敬在堂示中指出：“以上十条，法在必行，该地方官不行严察禁除，仍蹈前辙者，或经本院访闻，或经被害首告，一有发觉，官则特简题参，蠹棍立正大典。法纲森严，毋以身触，须至告示者。”此堂示不但表现了他“以民生为念”的心怀，也刚好符合圣意。

康熙能被后人称之为明君，其主要原因之一便是重视民生，崇尚“以民为本，本固邦宁”的儒家思想。清初土地大量荒芜，再加上后来平乱时的战争，以及不时发生的自然灾害，百姓经常颗粒无收。为了改善百姓的生活，康熙中止清初实施的圈地计划，鼓励垦荒，实行更名田，蠲免钱粮，轻徭薄赋，修养民力。

平定三藩后，康熙为了减轻百姓负担，发展生产，曾一次性免掉了湖南湖北四年的“近贼地方额赋”。一些曾因战乱流亡他乡的农民回到家乡后，家徒四壁，想要继续务家，却连耕田的工具都买不起。为了鼓励百姓务农，康熙为他们准备了许多生产工具和耕牛，所有农民都可以向朝廷借用。

陈廷敬出任户部尚书后，康熙提出的种种利民政策得到顺利实行，都离不开他的功劳。陈廷敬以利民为基本，主张“藏富于民”“厘剔夙弊”。在实施“蠲免赈济”政策时，他积极响应皇帝，鞍前马后地忙碌，康熙和百姓都对他称赞不已。

陈廷敬对康熙推出的爱民利民政策皆表现出了极大的认同和支持，并且全力将康熙的每一条圣谕落实到基层，这也是康熙格外看重他的原因。

公正治世，严惩恶行

国之重器，莫重乎令，令重则君尊，君尊则国安。

——陈廷敬

想要天下太平，必先使官心正，官德佳。只有官员不存私心，不谋私利，一心为国为民，才可使百姓安居乐业，社会祥和安宁。为官之人若是犯错，必严处之，不得心软。官员之间不得相互偏袒包庇，为有罪之人开脱。陈廷敬身为吏部尚书，身负监督管理天下官员之责。他深知自己责任重大，所以殚精竭虑，制订纲要，以清理贪官为最重，大力整顿朝中不良现象，力保朝廷安定。

欲正朝纲，必先治贪

笔者问曰：想让社会变得繁荣昌盛，应该以什么为首要任务？

陈廷敬答曰：愚谓食廉者，治理之大关。

都说饱暖思淫欲，生活的舒适和安逸能够使一些人心境平和，更专心地追求理想，也会令一些人意志消沉，不思进取，沉迷享受。同理，社会的安定能够促进国家的发展，促进社会经济的进步，但同样会使一些人丧失斗志，心安理得地享受着所拥有的一切，甚至开始将心思用在不正当的地方。

当年，皇太极称帝，改国号“大清”。由于统治阶级都是满族，而百姓皆为汉族，百姓心中对朝廷总不免有些忌惮和疑虑，担心满人会为了个人的利益剥削汉人，贬低汉人的地位，让汉人无法生活。

忐忑也同样存在于朝廷之中，虽然朝廷也启用了许多汉族官员，但这些官员担心自己太过突出会被排斥和打压，于是得过且过，不愿也不敢尽力效忠朝廷；至于满族的官员，特别是八旗子弟，则在担忧清王朝是否能够一天天巩固其统治和地位，对于汉族的官员，心中也有猜忌和提防。

清朝初立，人心未定，社会未安。处于这样的环境中，人们最先担心的是自己的安危，官员们几乎将全部精力都用于保障和稳定自己的生活上，根本无暇去想其他的事情。然而，随着清王朝的优势日益扩大，发展也日益迅速，一些官员们的想法也开始发生改变。

到康熙年间，清朝的发展已处于相对稳定的阶段。此时满汉之间虽然仍有一些矛盾，但已能和平相处，彼此心中的忐忑也有所减轻。除个别胸有大志，心系天下的官员仍能保持清醒，居安思危外，许多官员都开始松懈，失去斗志，一心想着如何让自己更快地拥有富贵荣华，以及如何享受已拥有的一切。

在上述两种官员中，陈廷敬自然属于前者，他知道朝中并非没有与他心性相同、志向相同之人，但这样人的实在太少。随着朝政的稳定，越来越多的官员开始过起奢华的生活，他们开始更换家中的家具，挂起名家的字画，摆上珍贵的古董；他们身上衣服的用料越来越精致，餐桌上出现的食物越来越丰富，价格也越来越昂贵；他们每次出门，都有数名随从跟随；他们的家眷也开始追求物品的档次，不断有名贵的珠宝首饰、绫罗绸缎送入府中。

陈廷敬是不贪之人，对这样的现象自然十分不满。同时，他的心里也非常担忧，这些官员在沉沦于奢靡之后，会以这样的生活为习惯，大量耗损国家资源。他说："贾谊所谓一人耕之，十人聚而食之，欲天下无饥，不可得也。百人织之，不能衣一人，欲天下无寒，不可得也。其始由于不俭，其继之于不廉，其卒至于天下饥寒。"

陈廷敬更加担忧的是，若是放任这些官员不管，任由他们在安逸的生活中陷得越来越深，他们为国为民的心思必然会越来越淡，为己谋利的心思则会越来越重，国力也必然会一天天减弱。于是他在康熙二十四年上书，希望能够推行"劝廉祛弊"，以治吏政。

陈廷敬在奏章中说："愚谓贪廉者，治理之大关。奢俭者，贪廉之根柢。欲教以廉，当先使俭，然而不能遽致者，则积习使之然也。"他提议在治理吏政时，应先去除官员的贪念，而去除贪念的根本，则是让他们过上勤俭的生活，并让他们渐渐习惯这种生活，在习惯中切断对奢侈的欲望，从而不再有贪婪的念头。

康熙接受了陈廷敬的提议，并将这件事交给陈廷敬负责。

陈廷敬总结了当朝官员中存在的种种不良现象，以及官员们平时的陋习，对其产生的原因进行了分析和研究，最后针对这些现象和陋习制订了一系列“劝廉”计划。

陈廷敬认为，想要劝官员戒贪从俭，首先要对官吏们的生活用度做出严格的规定。纵观官员们的生活用度，许多人平时不知节俭，奢侈度日。有些人一身官服官帽动辄白银千两，所用佩饰都是价值连城之物，出门都是豪车俊马，每日从府中抬出的厨余里都是鸡鸭鱼肉，翅参鲍肚。

每逢节庆之日，这些官员对于钱财便更加挥霍无度，大操大办，排场之大堪比皇家宴请。且服饰极尽奢华，所用之器物皆是上品，所盛之佳肴皆是罕见之食，满堂歌乐声声，歌者舞者演奏者皆气派。

陈廷敬认为，如果奢侈之风不除，社会安定就会被破坏。他说:“奸宄因之而起，此所以刑罚未能衰止也。”此话中的“之”即为奢侈之风。百姓的眼睛是雪亮的，在这些每日辛勤劳作、三餐却只能勉强饱腹的百姓眼中，朝廷拥有这样的官员，怎能不让他们心寒和失望。百姓一旦对朝廷失去了信心，就会口服而心不服，消极应对朝廷的政策。一些人心中的怨气还会使他们做出过激之事，如此一来，社会必然会变得不稳定。

陈廷敬明白官位有高低之分和贵贱之别，也认同将这种区分通过服饰和器用等方面体现出来。但是，他指出，不能为了区分贵贱高低，就纵容高层官员挥霍无度。在此方面，他十分赞同汉朝贾谊“今去淫侈之俗，行节俭之术，使车舆有度，衣服器械各有制数，制数已定，故君臣绝尤，而上下分明矣”的观点。

在清朝，服饰和身份有着密切联系。根据官服和官帽便可分出官员的类别和等级。清朝官服由马蹄袖和马褂组成，此外还有一块“补子”，上面绣有图案。文官的“补子”上绣有禽类，武官的“补子”上绣有兽类。不同的禽类和兽类代表不同的官阶，不得擅自更改，乱了身份和礼数。

人们常说的顶戴花翎，其意就是指官帽。顶戴是帽子顶端的帽饰，一品官员的顶戴为红宝石，向下依次为珊瑚、蓝宝石、青金石、水晶、砗磲、素金、镂花阴文金顶和镂花阳文金顶。花翎是帽子上带有“目晕”的孔雀毛，官级越高，“目晕”就越多，最多可达三个。只有六品及以上官员可被赐予花翎，七品以下官员只能配戴蓝色鹖羽。

除了官服和官帽，官员们日常还需佩戴朝珠、朝带、玉佩等，以示身份和等级。不同官级朝珠的材质也不同。陈廷敬指出:“盖古者，衣冠、舆马、服饰、器用之具、婚丧之礼，贱不得逾贵，小不得加大。今或等，威未别，因而奢僭之习未尽化也。”并说:“不得过侈，制度既定，罔敢陵越，则节约之风可以渐致。”

官员俸禄因官位高低不同而各不相同，若是位高者奢侈无度，位低者便可有恃无恐，若位低者为图虚荣强行提升自己的生活用度，位高者便会认为自己的地位受到了威胁，在用度上自然要提升一个台阶。如此一来，就会造成恶性循环，越发不可收拾。

陈廷敬认为，应该对所有官员都定下规则，只要所有官员都能做到在生活中以节俭为前提，按照自己所处的官品规划自己的生活用度，不爱慕虚荣，放纵自己消费，同样可以体现出等级差异。

官员们的一举一动都被上千人看在眼中，他们必须严格要求自己。然而一些官员对于奢侈之事不以为耻，反以为荣，对于节俭之事反而嘲笑鄙视。为了更好地规范官员的行为，陈廷敬还提出，要对官员们进行思想教育，以令他们回头是岸。他说：“夫好尚嗜欲之中于人心，犹之水失堤防也，是教化之所宜先务矣。”

许多官员始终无法戒奢侈戒浮华，是因为他们没有对此事有一个清晰深刻的认识，所以即使朝廷立下规矩，强制他们执行，他们仍然难以遵守，只是表面应付，一旦有机会，便又会退回到原来的状态。

朝廷早就对官员的服饰、车舆、仆从人数以及典礼规模等有所规范，但效果并不佳。对此，陈廷敬建议对官员们进行思想教育，让他们了解节俭的根本意义，以及奢侈会带来的危害，唤醒官员心中的理智，使他们明白自己为官的真正使命和义务。

陈廷敬说，世上许多事之间都有着密切的联系，只有官员能够真正戒掉贪污，才能“工者不必矜能于无用，商者不必通货于难得奇技淫巧，弃本趋末之民，将转而缘南亩，田畴辟，则民无饥寒。民无饥寒，然后可以兴于礼义廉耻，而国之四维以张，太平无疆之盛治端在于此，又岂惟劝廉吏而已。”

自古以来，有母劝子廉、妻劝夫廉、兄劝弟廉、上劝下廉。陈廷敬官居都察院左都御史，不但对下级劝廉，也对上级劝廉。在“劝廉”的道路上，陈廷敬付出了很多心血，也得罪了不少官员，但他无怨无悔。于他而言，只要是有利于国家、有利于人民的事，无论有多困难，他都会义无反顾地去做。

必断贪官生财之道

笔者问曰：治贪除了要对其进行思想教育，还有什么好方法？

陈廷敬答曰：断其行贪之路，灭其可乘之机。

“生财有道”，本义是想要变得富有，必须用合乎道义的办法去挣钱。随着时间的演变，人们开始用这个词语去称赞一些头脑灵活、懂得发现商机之人。再后来，一些善于投机倒把之人发现了新的生财之“道”，或是钻法律的空子，或是利用欺骗等不正当手段进行敛财，这些人的出现使这个词变得褒贬参半。

对于生意人来讲，以生财为目的是件无可厚非的事，只要不触犯法律，谁也没有权力对他们评头论足。可对于官员来讲，若是以生财为目的，则失了为官之道。

在清官的字典里，人们找不到任何与“生财”有关的字眼，因为他们十分清楚自己为官的目的：一心为公，一心为民。他们知道百姓生活不易，也知道国家发展需要资金的支持，所以从来不会考虑从百姓或国家手中谋取任何私利。贪官的字典中则不同，随手一翻，便是各种敛财的途径和手段，他们称这些途径和手段为“生财之道”，事实上，这些只不过是他们对个人罪行的美化。

贪官之所以会贪，一方面和其本人的品质有关，另一方面和其所处的环境有关。比如一些官员刚入仕途时是不贪的，之所以后来会变贪，则是禁不住身边环境的诱惑，从小贪变为大贪，最后成为巨贪。所以说，想要治贪，不但要对官员本人进行教育和监督，还要对世道进行监督和清理，让官员没有贪的机会。

想要断掉贪官的财路，可以先抓事，再抓人。陈廷敬认为，在对吏治的整顿中，除了“劝廉”，还要“官建”。在“官建”的部分中，则要首先断掉贪官们的“生财之道”，让他们没有财路可走。

在清朝，许多人都将做官视为积累财富的最佳途径，于是做官之后，许多人利用手中的职权，开始了他们的“生财之道”：或以钱代罪，通过收钱来减轻或免除有罪之人的处罚；或对百姓加收各项税收，以填补自己的金库；或以许诺帮人办成某事为由，收取好处费……在贪官的众多财路之中，使官员获利最大且最容易的是“捐纳”，即买卖官位。

捐纳始于秦始皇四年（前 242 年），由秦始皇亲自发起，其主要目的是为了增加朝廷的财政收入。据史料记载，当年闹过一场严重的蝗灾，导致粮食极度短缺，为了解决粮荒，秦始皇颁布了捐纳的政策，“百姓纳粟千石，拜爵一级”。此政策一出，富裕之人纷纷响应，粮荒也立刻得到了解决。

自此，每逢国家遇到灾荒，或是财政短缺之时，秦始皇都会举行捐纳，这一政策也就得以延续了下来，并形成了捐纳法。之后，汉文帝、汉武帝、汉灵帝等均用过这种方式来增加财政收入。汉文帝“令民纳粟边陲，可得上造、五大夫等爵位”；汉武帝“令吏得入谷补官”“令民得入粟补吏”；汉灵帝则将所有官位从大到小一一明码标价，只要捐出规定的金额，就可得到相应的官职。清朝建立后，捐纳之法也得以沿袭。

清朝的捐纳始于顺治年间，完备于康熙、雍正和乾隆年间，咸丰、同治两帝执政时期发展最盛，宣统年间终结。顺治六年（1649年），户部以“师旅繁兴，岁入不给”为由，提议“开监生、吏典、承差等援纳”，于是捐纳制度开始实施。其中，顺治、康熙和雍正皆视捐纳为权宜之计，并将捐纳和科举、荫袭、保举一并作为清朝选拔官吏的重要途径。乾隆之后，由于捐纳之风越来越盛，可捐之官位越来越多，朝中腐败也越来越严重。

康熙年间的捐纳具有统一管理、明码标价、僧多粥少的特点，此时，捐纳还未成泛滥之势，可通过捐纳方式获得的官位也有明确限制。其中，吏部和礼部作为专管官员和教育的部门，不可通过捐纳得官。尚书、侍郎、总督、巡抚和布政使也不可捐。可以捐的官职只有郎中以下，道员、知府、知县以下的小官。

在当时流行一句话，叫“三年清知府，十万雪花银”。谁都知道当了清朝的官员后能够得到许多好处，不但拥有了权力，受人尊敬，还能用权生钱，让自己的口袋越来越鼓。所以，虽然捐官需要花很多钱，仍然有大批人积极地参与其中，因为他们知道，只要自己当上官，不但之前付出的钱都有机会通过各种方式收回来，而且还有机会获得比投入更多的银两。这也就难怪捐官总是出现供不应求的局面。

对于捐纳一事，陈廷敬是不赞成的。他早就看到了其中的弊端，然而推行此政策是康熙的旨意，他无法直接反驳皇帝的意思，于是只能想尽办法，尽量减少这一政策带来的弊端，将此事对国家的危害降到最低。

之后的发展果然如陈廷敬所料，虽然朝廷已经明确规定了可捐的官位，也规定所捐之钱财一概要交给户部入国库，但是一些高级官员为了从中发财，私自违背朝廷的规定，变相对禁止捐纳的官位进行买卖，将对方所捐之钱财收为己用，或根据捐纳之人献给他们的好处来决定官位最后花落谁家。

按照规定，捐纳之人必须是家世清白之人，不但要有乡邻的担保，还要有当地机构开具的清白册，两者缺一不可。一些富贵之人平日横行霸道，飞扬跋扈，欺压邻里，无恶不作，本无资格参与捐纳，但是他们却能用钱疏通负责审查的官员，让其证明自己清白，开出虚假的清白册。

资格审查中还有一项是对捐纳人学历的审查，如果此人声称自己是国子监的学生，就必须出示国子监的印鉴证明。在过去，想要取得这一印鉴证明必须苦读多年，认真求学，方可通过考试，成为国子监的学生。如今，对于家境富裕之人来说，这再也算不上什么难题。有钱能使鬼推磨，何况一心求财的官员。只要双手奉上能让对方满意的钱财或礼物，取得证明也成了小事一桩。

上述的情况都令陈廷敬格外担忧。康熙二十四年（1685年），他特意就此现象向康熙上书，指出："亲民之官，其职至重。至于文移、薄书、期会、讼狱之事，皆身自经理，不得假手胥吏，使夤缘为好，其事又甚难也。"

陈廷敬十分担心如此下去，朝中官员有才学之人越来越少，懂得吏治之事的人越来越少，能够坚持以民为本方针的人也越来越少，那些对吏治一无所知、贪赃枉法、作威作福的人反而越来越多。若真如此发展下去，国家社稷也就岌岌可危。

陈廷敬知道凭自己之力无法改变康熙的旨意，但他的责任感令他无法对这些现实置之不理。他想，虽然不能取消捐纳之事，可若是从一定程度上提高捐纳之人为官的门槛，也不失为一个好办法。陈廷敬提议，对捐纳之人分别进行相关考试。他对康熙说："夫古者以经术为吏治，必学古然后可以入官。今即不能尽然，而亦须略晓文义之人，委以民社之寄。"

不明执政理念，不关心时事之人，即使为文官，也无法公正处事，仁政爱民。为了确保文官的质量，陈廷敬提议捐文官者需参加文考，主要考试内容以"八股经义"和"时务策"为重。"知府、知州、知县，凡俊秀捐纳，有已经考试后捐纳者，依例选除。有未经考职遂行捐纳者，于选除之时，仍行考试，文义略晓者，即与录用，否则且令肆业，听其再试。"

弱不禁风，对兵器一无所知之人，即使为武官，也无法除恶扬善，保卫社会安定。为了确保武官的质量，陈廷敬提议捐武官者需参加武考，主要考试内容为武将基本素质和个人能力。"凡副将、参将、游击等官，单双月选补，先期考试弓箭，不合式者不准选被，下月复考，必待其合式而后用之。"

除了相应官职必备的能力外，陈廷敬还格外重视捐官者的品德。他说："代倩、传递，徒应虚名，如此则既不绝其功名仕途之路，亦使之有郑重名器之思，庶可以责吏治之实效也。"一经发现有人试图利用不正当手段通过考试，立刻取消其名额。

在陈廷敬的严格选拔下，所选出的捐纳之人虽不尽完美，却也至少可负得起所任之职。回顾清史，嘉庆、道光、咸丰年间，捐纳之事愈演愈烈，官场风气极坏，甚至造成了"灾官"的现象。唯独康熙年间，捐纳法没有带来太大的伤害，这与陈廷敬所制订下的种种规矩不无关系。在陈廷敬的努力下，朝廷既维持了收入的增加，又保证了官员的质量。

严肃清理官场

笔者问曰：如何保证审判结果的公正？

陈廷敬答曰：堂上必须清肃。

在清朝，刑部“掌天下刑罚之政令，以赞上正万民。凡律例轻重之适，听断出入之孚，决宥缓速之宜，赃罚追贷之数，各司以达于部。尚书侍郎率其属以定议，大事上之，小事则行，以肃邦犯。”全国的案件都需要由刑部来受理，可见其地位之重。也正因其所负责的工作极为繁重，刑部的官员也是清朝六部中官员人数最多的，足足有四百余人。

刑部的机构也十分庞大，除了有提牢厅、秋审处、督捕司、赃罚库等十四个主要部门外，还在十四个省中各设了清吏司，各清吏司除了要对本省的刑名案件进行调查和处理外，还要兼顾其他省区的刑名事务，工作相当繁忙。

人多本就不易管理，再加之刑部的官员分散在各地，管理起来就更加困难。各地官员即使做了什么违背法纪的事，上面的官员也不能及时知道，甚至根本无法知道。身为刑部尚书的陈廷敬指出，刑法之事会对整个社会造成极大的影响。而身为掌管刑法的官员，身上的担子就格外的重。对他而言，整顿刑部确实是一件棘手的事。但陈廷敬并不因此感到无从下手，他冷静地对当时的局面进行了分析，立刻抓住了治理刑部的关键。

官吏的职责在于惩恶扬善，维护世间公正和法纪。作为刑部官员，更当严格奉公，起到表率。天子犯法与庶民同罪，何况满朝官员。所以，陈廷敬在任刑部尚书时，针对当时刑部官员中存在的问题，在《刑部堂谕》中提出了十条“刑官之要”，其中“清堂规”和“惩猾吏”两条主要就是针对官吏办案所言的。

没有规矩不成方圆，公堂之上更是如此。若是刑部官员不按规矩办事，任由闲杂人等自由出入公堂之上，干扰公堂上的秩序，对案件的审判指手划脚，七嘴八舌，必然会影响案件的审理。陈廷敬提出的“清堂规”一条，主要指刑部官员在审理案件时，要保证堂上的肃静，不得让与案件无关之人出现在公堂之上，不得在断案过程中接受原被告任何一方的贿赂，不得被与当事人有关的其他官员左右，做出有违公止的审判。

“凡急公办事，必须井井有条，上下整肃。”陈廷敬还要求每一个案件都由固定的官员进行受理，“自后遇说堂时，必挨次定规。当系某司说堂，则某司官员上堂定稿”，不得无故更换主审官员，且整个过程中公堂上都要保持清肃。

陈廷敬在《刑部堂谕》中，极力主张刑官要公正执法。他说:“夫人有罪，轻重大小不同，所恃以剖断者，惟此一定之律耳。然近见督抚申请题覆，一经定罪，有罪当而司抄改易者，有罪不当而不加详察者。……如此则出入人罪，任意迟速，自为遮饰，而老成有见者则不与焉！何以示画一而尽臣职乎！”

刑部所受理的案件，大到谋财害命，小到偷鸡摸狗，数不胜数。官员们的工作非常繁重，所以在对待一些几经审问都不肯招供之人时，往往会失去耐心，选择用刑逼供，命受审之人签字画押。有的官员还会不细究原由，不进行调查，仅听取片面之词，便草草结案，以至于真正有罪之人仅用了一只替罪羊便安然无忧。所以陈廷敬不但要求官员们在堂上做到公正，在堂下也要做到严谨，不得敷衍了事。

在清朝，罪大恶极之人会被处以死刑。根据死刑执行的时间来划分，可分为处决、秋决和斩监候。斩监候相当于现在的死缓，即犯人被判定死刑后不会马上执行，而是先将其关入监牢，等到秋审或朝审之后再进行处决。秋决指的是秋后处决，即人们耳熟能详的“秋后问斩”。

古时的人们对神明有着特别强烈的敬畏心理，皇帝更是如此。历代皇帝皆称自己能够坐上皇位是上天的安排，此乃“君权神授”。皇帝们非常相信天意，为求上天保佑，他们在做许多事前都要先问过上天的意思，然后遵循天意而为之。在处决犯人这方面，他们也遵循了这一原则。

皇帝们认为，按照时节的特点，春季万物复苏，夏季草长莺飞，都是充满生机的季节，若是在此两季中杀人，便是违背天意，会遭到上天的惩罚；秋季草木枯萎，冬季天凝地闭，少有生命迹象可见，象征肃杀，在这两季中杀人，可谓顺应天意。所以，古时大多数的犯人被判死刑后都不会马上问斩。除犯下谋逆之罪或大逆不道之人外，皆是到了秋后才会施刑，故有“春天定罪，秋后问斩”一说。

从春到秋，足足要等上近半年的时间，一些犯人家属便打起了这段时间的主意，利用各种手段，一边对负责看守的官吏进行贿赂，使他们优待狱中的家人，一边动员所有关系，试图在这一期间改变对家人的判决，保全其性命。有的犯人真的就在这一段时间里被免除了死罪，由死刑改为流刑或徒刑。

陈廷敬在审查案例时发现，有些案件时隔多年仍未被终审，案件刚审到一半便不了了之，之后再无人提起。其中的一些犯人得不到审判，只能一直被关押在牢里，还有一些犯人则被私下释放，没有受到处罚。这些案件当中，一些是由于官员大意，不小心遗漏，另一些则是由于官员收受了好处而有意为之。无论哪一种，陈廷敬都视之为官员的失职，给予相关官员严厉的处罚。

在关押过程中，最常出现的情况就是犯人的家属给看守的官员送银两，以求他们优待犯人，让犯人少受点苦，或是允许他们进去探望本被禁止探望之人。一些罪大恶极之人被关押后，为了防止他们串通外面的人继续犯案、串供或做出其他有害社会的事，会被完全禁止与外界有联系，也不许他们的家人前来探望。然而吃人嘴软，拿人手短。官员一旦收了犯人的好处，就会对其多多关照，甚至放松看守，私自允许犯人与其他人见面。

这种事情一旦有了开始，就会一发不可收拾。渐渐地，越来越多的犯人家属都试图以贿赂狱卒的方式来获得探视权，官员们的胃口也渐渐被他们撑大了，开始主动向前来探望的家属们收取钱财，并且索要的金额也增加了许多。很多家境贫困的官员以此为发财之道，腰里的荷包渐渐鼓了起来。

有的官员收了好处之后，甚至与犯人同流合污，帮犯人办事，传递消息。犯人身在狱中，许多事情不方便做，他们就利用休息时间帮着做。当然，做了这些事后他们又会得到一部分的好处。一旦这种关系持续的时间久一些，官员和犯人就成了一根绳上的蚂蚱，想分也分不开了。

存在于看守牢狱官员之中的问题还包括一些官员仗势欺人，对狱中的犯人泄私愤，或以欺凌犯人来勒索犯人的家属，如果犯人家属不肯送他们钱财，他们就不肯罢手。还有些官员对关押的女犯进行肆意凌辱，女犯无力反抗，只能忍侮求生。

陈廷敬认为，这些官员玩忽职守，所犯下的罪行是“弥天大罪”。为了净化刑部官吏的操守，陈廷敬提出了“惩猾吏”一条，对官员做了如下规定：差役不得横行于世；吏卒不得恐吓、勒索或欺侮犯人，特别是女犯；不得私留赃物；不得遗漏号件。

陈廷敬说：“国家太平，海宇清宴，几几乎治臻刑措矣。顾刑章为劝善之条，法律乃诘奸之要。……而居是职者，所当兢业自持，公慎自矢，以赞襄厥事者也。”他认为，刑部的存在对于治世而言有着重要意义，所以身为刑部官员，必须要先规范自己的言行，提高自己的思想觉悟，保持良好的品德，才能恪尽职守，为国效力。

无论太平盛世还是乱世，刑官之地位都不曾改变。刑官对于一个朝代而言，就好比实施法律的利器，他们身负着治世之责，需对天下不平之事、不正之事进行正确的处置，所以，他们不得有一点疏忽，必须严格要求自己，绝不可以滥用职权，知法犯法，做出有害于社会和人民之事。在给犯人定罪时，要保持公正，不得擅自以轻罪代重罪，或以重罪代轻罪。

陈廷敬对官吏们说：“愿尔各司尽力竭诚，勉自警省，以共佐不逮，则刑狱可清，职分克尽，仰报圣主刑期无刑之圣心，诚一时之嘉会也。”在陈廷敬的严治下，官场的情况有所改善。官员们对待案件的态度更加端正，处理案件时更加仔细，不放过任何一个可疑点，错判和误判的情况有所减少，私收贿赂的情况也有所减少。

细化刑罚，酌情处置

笔者问曰：为官者在处置有罪之人时，应该本着什么原则？

陈廷敬答曰：上体圣主好生之德，下尽人臣奉法之心。

为人者需仁，为官者更需仁。在儒家思想中，“仁”被排在首位，可见“仁”是儒家思想的核心。孟子的“仁政说”就是基于此点而产生的。

孟子提出，君王在治世时，要将仁的学说落实其中，不得以霸权治世，而要以仁爱治国、治民、治天下。在政治方面，孟子主张“以不忍人之心，行不忍人之政，治天下可运之掌上”。恻隐之心人皆有之，将心比心，体谅百姓心中的苦楚，与百姓同忧，便能使民心所向，天下归顺。陈廷敬是受儒家思想的教育长大的，自然也是支持“仁政”一说，愿行“仁政”之事。《刑部堂谕》中的“格非心”和“审律例”两条就是在仁政的基础上提出的。

“非心”即邪念，出自《书·冏命》：“绳愆纠谬，格其非心。俾克绍先烈。”“格非心”即不要有邪念，不得收受贿赂，徇私枉法，制造冤假错案。刑部之刑向来“惨酷”，各种刑罚令人闻之战栗。

身体发肤，受之父母，不得损伤。古代刑罚却是以伤人身体之刑为主，可见其残酷。被刑部判为有罪之人，轻则要受皮肉之苦，最后皮开肉绽，血肉模糊；重则要受严罚酷刑，最后身首异处，不留全尸。伤之罪者身，痛在亲友心，可以说，古代的刑罚不但是对犯罪之人的处罚，也同样是对他的家人和朋友的折磨。

刑部掌握着犯人的生死，其每一个决定不但可影响一个人的将来，还可影响一个家庭的将来。正因如此，陈廷敬要求刑部官员必须公正谨慎，以仁为本，“上体圣主好生之德，下尽人臣奉法之心”。切不得为了一己私欲而是非不分，颠倒黑白，制造冤假错案，令无辜之人枉受刑罚，令无辜百姓之家妻离子散。

每个朝代都拥有其特殊的刑法，但万变不离其宗，主要的方式皆是伤人身体，骨肉分离，或取人性命之法。在清朝，主要的刑罚包括笞、杖、徒、流、死五种，这五种刑罚对犯人的伤害程度不同，使用范围也不同。

笞刑是所有刑罚之中最轻的一种，起源于战国时期，主要方式是命犯人趴在地面或长条板凳上，施刑的官差手持树枝或竹条，对犯人的后背、臀部或大腿进行责打。受到笞刑的犯人只伤在皮肉，而不伤及骨头和内脏。在一些官衙，为了加强惩罚的效果，也有将树枝或竹条沾上盐水之后再施刑的。如今，笞刑在一些国家中仍有使用，但施刑的工具已从竹条更改为皮鞭。

杖刑的执行方式与笞刑相同，都是让犯人趴下，然后对其后背、臀部或大腿进行责打。影视剧里时常提及的“将某人杖责 ×× 大板”，指的就是杖刑。不同的是，杖刑所使用的工具是厚重的木棍，木棍的尺寸有大、中、小三种，可根据罪行的严重程度使用相应的木棍。由于木棍很重，加上施刑的时候需要用很大力气，对犯人造成的伤害自然也就更大。受刑之人不但会饱受皮肉之苦，还有可能发生骨折或脏器受损的情况。

徒刑是剥夺犯人的人身自由，并强制他们在某一范围之内服苦役的刑罚。这种刑罚起自于商朝，主要目的是能够在对犯人实施处罚的同时保存他们的劳动力，为国家创造价值，并以此赎罪。徒刑分为有期和无期两种，有期徒刑有一定的时间限制，时限到了之后，犯人便可获释；无期徒刑属于终身制刑罚，直到人死的那天方可解除。有时，还有一些惩罚会伴随着徒刑进行。现如今，我国仍然保留了徒刑的形式，但是在执行的时候，早已没有了封建社会的残忍，而是更尊重犯人的人格，保护他们的尊严。

流刑始于秦汉年间，其方式是将人遣送到偏远荒凉的地方服劳役。在前往流放地的路上，服刑之人不得坐车，只能步行。服刑之人的双手需被捆绑，罪重之人还需要戴上枷锁或铁链。与徒刑的不同之处在于，流刑的环境更加恶劣，而且由于地处偏远，病了无人医，死了无人埋。有许多服流刑之人最后都死在了异地，不见尸骨。所以对于当时的人来说，被判流刑几乎等同于与家人阴阳两隔。

死刑是五种刑罚中最重的一种，主要用于罪大恶极之人。死刑的种类有很多，除主要的斩首、绞刑、赐死之外，还有多种如腰斩、凌迟这般残酷的刑罚。赐死是由皇帝亲自下旨的死刑，主要用于皇亲贵族、朝中大臣或是宫中奴人，包括御赐白绫、御赐毒酒和御赐利剑等。对于平民和地位一般的人，通常采用的是斩首和绞刑。相比于斩首，绞刑比较仁慈，所以一些人知道自己实在罪无可赦后，会请求绞刑，至少可留得一全尸。

陈廷敬嫉恶如仇，刚正不阿，整顿朝堂铁面无私，不留一点情面。在治理贪官污吏和各种犯人时，他从来不手下留情，但也并非不讲人道，故有“审律例”一条。“凡说堂具稿，必满汉官公同画押，细加详酌，审罪条，参律例，无因循环不一以取过端。”

和现在的法律相似，清朝的律法中也根据犯人所犯之罪的情节制订了不同的处罚条款。犯有偷盗、欺诈等罪的人属于轻犯，但若是谋财害命之人，则是重犯。陈廷敬提出，刑部官员应首先根据律例判断犯人所犯之罪情节的严重程度，对于犯罪情节较轻之人应轻罚，对于犯罪情节较重之人当重罚，不得一概而论，一律采用极端酷刑。

身为刑部官员，必须以公平公正对待所有案件和涉案人员，不得胡判乱判。判决不公本就极易激起民愤，若是再对被枉判和错判之人施加重刑，更会令百姓对官府失去信任，对朝廷失去信任。

陈廷敬要求刑部官员不得徇私，严禁因私人恩怨、他人教唆或想要讨好涉案高官等，对罪轻之人判以重罪，并施以重刑。这在一定程度上控制了公报私仇的产生，保证了法律的有效实施，维护了官场的廉洁。

为官之人的“仁政”体现在每一个细节，陈廷敬任刑部尚书期间，翻阅了大量以往卷宗，发现大部分由普通百姓犯下的罪皆因百姓法律意识淡薄。虽然朝廷多次号召百姓们遇事要上报官府，不要私下解决，可是百姓们却没有把朝廷的号召放在心上。一些百姓由于对官府不信任，宁愿用自己的方式去解决生活中遇到的一些事件，结果一不小心触犯了法律，从受害之人变成了犯罪之人。还有一些百姓根本不懂法律，为了掩盖无心之失，结果将小过变成大错。

陈廷敬所接触的案件中，有的人最初只因家中贫困，为了解决温饱而去偷别人的钱，谁知竟然被对方发现，与对方争抢之中失手将对方打成重伤；有的人被他人发现自己有不可告人之事，遂被对方敲诈，为了掩盖真相，于是将对方杀死；还有的人因他人拖欠自己银两，讨债不成，强行抢夺或以欺侮对方家中女眷泄愤。

陈廷敬一生以民为本，自然不愿百姓因过失受到刑罚，身体有伤或妻离子散。所以每逢身边有类似的案件发生，他的心中充满着心痛和不忍。他知道大部分百姓并非有心犯罪，却也不能因他们无知而免除他们的罪。为了避免以后再发生这样的事情，破坏百姓生活的安定，他决定对百姓进行法律教育。可是许多百姓教育水平较低，难以理解法律的意义，所以在考虑如何将这一想法变成事实时，陈廷敬想了许久，却始终没有想出好的办法。

一日，陈廷敬偶然得见两本民间读物《小儿语》和《宗约歌》，随手翻看之，竟然颇受启发。《小儿语》是一本儿歌集，其中采用了多种语言形式，让小孩子可以在背诵儿歌的同时明白做人的道理，加深品德的培养。《宗约歌》中所表达的主要思想也是劝人向善，要知法懂法。陈廷敬想，既然正统的宣传百姓无法理解，不如就借用这两本读物，向百姓传达知法守法的理念，让他们学会用法律解决问题。

陈廷敬命人将两本书重刻，作为一本合集重新出版。他还亲自为此合集写了序，希望此书能够引起百姓对法律的重视，在读过这本合集之后，能够明白为何不能犯法，以减少平日

“犯于刑者”的数量。

为官应“仁爱”，也应“严明”。“仁爱”与“严明”并不冲突，“仁爱”主要体现在生活中，“严明”则主要体现在公务中。陈廷敬对有罪之人严判体现了他的“严明”，为百姓重刻合集则突显了他的“仁爱”。既“仁爱”，又“严明”，自然可得民心，受人尊敬。

劝善诘奸，治臻公正

笔者问曰：身为官员，如何使社会得到净化？

陈廷敬答曰：刑章为劝善之条，法律乃诘奸之要。

为善是中国的传统文化，几乎每个人从小都被教育要心存善念，与人为善，“勿以恶小而为之，勿以善小而不为”。童年时，人们对善恶的认识很简单，不欺负他人，不欺骗他人，不偷盗，不抢夺，对人友善，乐于助人就是善良。步入社会后，人们对于善恶的理解也更加丰富，对于善恶的态度也更加明确。

佛家有云：“因果循环，善恶有报。”在佛家的观念里，世上万事皆有因果循环，上天是公平的，一个人做了善事，迟早会得到回报，而一个人做了坏事，也迟早会遭到报应。于是生活中，人们遇到不公平的事，或是遇到做坏事的人时，总会不禁在心中念一遍这样的话，一方面宣泄自己的不满，一方面对自己进行安慰。

“善有善报，恶有恶报。不是不报，时候未到。”其实，这样的话在大多数情况下，只能作为一种无形的安慰，让受到委屈的人心里暂时好受一点。善恶有报是人们对这个世界美好的希望，可事实上，上天并不会对人的行为做出判断，也不可能根据一个人所做的事情去对这个人进行奖励或惩罚。在现实社会中，真正能维护社会安定的，是社会的管理者、监督者和执行者，也就是官员。在清朝，这样的人就是刑官。

陈廷敬在陈述“刑官之要”时指出，想要国家太平，世间安定，“几几乎治臻刑措矣”。自古以来，身为官员，就有惩恶扬善的义务。陈廷敬将刑章视为“扬善”之条，将律法视为“惩恶”之要，并将刑官视为“惩恶扬善”之人，说道：“故唐虞之世，不废刑官，三代以来，必设大法，此诚古今大圣人不得已之用心。”

虽说为善不应图报，但是社会却应对为善之人做出表扬和保护。若是善人得不到相应的奖励，反而整日生活于水深火热之中，世人便会对社会失去信心，对国家失去信心，对为善失去信心。一旦每个人的心中都形成了人善被人欺的观念，即使国家极力弘扬与人为善，也不会再有人响应。

同样，恶人若是不得恶报，便会更加有恃无恐，作恶更甚。若是一个社会中只有通过作恶才能得到自己想要的，人们便会产生“只有让自己成为恶人，才不会被欺凌，才能过得好”的想法，纷纷效仿他人之恶行，世间的公德心就会越来越弱，社会的环境就会变得越来越污浊。当一个社会之中恶人当道、善人只能苟活时，这个社会就会面临着分崩瓦解的危险。

社会需要正义，而正义的一个表现，便是明辨是非善恶，保护善举，打击恶行。我国现代的法律中也指出，如果没有正义制度作保证，社会的经济秩序就会被损坏，人民的生活就得不到保障，进而整个社会也就无法健康地发展。陈廷敬认为，法律的作用在于抑恶扬善，只有这样才能彰显法律的公正。要让百姓感到正义的存在，就必须将正义之举落实到实际行动中。要让违反法律的人受到应有的惩罚，也要让利益受到侵害的人感到公正的存在。

作为官员，需要有维护正义的意识和伸张正义的勇气。陈廷敬说，身为刑官者，“所当兢业自持，公慎自矢，以赞襄厥事者也。”他认为，想要治世，刑官必须能够劝善和诘奸，鼓励善举，严惩恶行，保护为善之人的利益和权益，不给为恶之人获得利益的机会。只有这样，才能天下太平。

为了培养世人的道德观念，古代的圣人采取教育的手段去修正人们的思想。历代朝廷也很提倡这样的方式，要求人们从小阅读并背诵各种经论典籍，以便他们能够从小明事理，知善恶，心中向善。

每个人在出生时都有着向往美好善良的愿望，但是随着人一天天的成长，接触的环境发生了变化，其本性就会随着环境的变化而变化。一些人在道德的规范下，能够控制自己的思想和行为，另一些人则渐渐受不住欲望的诱惑，失去了理智，忽略了道德，成为欲望的奴隶。当道德教育已经不足以维持人们的善念和社会的安定后，便有了刑章。

陈廷敬说：“刑章为劝善之条，法律乃诘奸之要。”刑章是规范人们行为的法律。刑章的目的之一，就在于以惩罚的形式对社会成员进行教化，使其认识到自己所犯的错误，明白自己思想上的偏差，从而更深刻地意识到遵守伦理道理的重要性。所以说，刑章对人们起着规劝的作用。

法律的作用在于维护世间公正。现如今，我国采用的是“依法治国”，即依据法律来治理国家。而在清朝，朝廷采用的是“以法治国”，即用法律治理国家。刑官的职责之一在于整顿社会风气，以刑章对世人的行为进行判断，对罪犯者进行惩罚。对于那些视道德于不顾，肆意违法乱纪、作恶多端又不愿悔改的人，只有通过刑章中的条例来对他们进行定罪和惩罚，才能起到警诫的作用，并对其他人产生警醒的作用，以防有人再犯下类似的罪行。

刑官的另一个职责是消除社会中的乱象，以维护社会的安定，所以从另一个角度来看，刑官也是国家的保护者，不仅要管理平常百姓，也要管理朝中官员和地方官员。无论在太平盛世还是乱世，每朝每代都设有刑官，足以见刑官对国家有着多么重要的意义。

刑官是由朝廷任命的，其一举一动都代表着朝廷的形象和皇帝的圣意。所以，身为刑官，若是处事不公，定会影响百姓对朝廷的信赖，也会令朝廷在一定程度上失去民心。所以陈廷敬要求他们“尽力竭诚，勉自警省”，要时刻铭记圣恩，为国家效力，“以共佐不逮，则刑狱可清，职分克尽”。

陈廷敬认为，既然身为执法者，又是朝廷的保护者，便更要对自己严格要求，不得知法犯法，包庇有罪之人。他指出，能担此责任的人，必须拥有良好高尚的品德，若是不小心犯了罪，其处置方式也要遵循刑章所列，不得私下偏袒。身为刑官，无论何时都要以“劝善”和“诘奸”为重要任务，努力治理好社会，净化社会风气，让百姓安居，才能使国家安定。

在清朝，由于捐官等风气的滋生，官场相对黑暗，官员之间的关系也错综复杂，为治世带去了不少麻烦。熟人犯案，容易得到包庇，官员犯案，更是容易逃责。陈廷敬坚决反对这种现象，他认为，若是为官之人不能公正断案，是非不分，因为私人关系便重罪轻判，或死罪活判，对于整个社会来说都会造成极其恶劣的影响。

身为刑官，有义务让百姓在每一个案件中都看到公正的存在。就像现在人们常说的，希望“人民公仆为人民”一样，在清朝，百姓也希望刑官能够为百姓做主，保护百姓生活的安定。用来判断一位刑官是否公正的标准，就是该刑官判案时是否能伸张正义，让有罪之人受到应有的惩罚，还无辜之人一个清白。

刑官是一个需要良心的职位。若是不顾良心的谴责，让恶人免除了制裁，却让善人蒙受不白之冤，不但会引发百姓的众怒，还会影响整个社会的风气，正如前文所提到的那样，恶人恶事越多，善人善事越少。

为官当为严官、清官、善官，严对天下不平事，清廉自省谨立身，是非分明善待民。人为善，世间才能和谐；官为善，社会才能安定。人都有善恶两面，只要心向善，控制好自己的恶念，不做危害他人和社会的事，就永远不会成为恶人。治世需要抑恶扬善，让为善之人过上安稳的生活，让世间善事皆得到美满的结果，便能使人更加向善，更加乐于为善。

礼法并用方可服人

笔者问曰：在实施“以礼治世”时，是否只要按照先贤们的理念去做就可以？

陈廷敬答曰：盖古今之势不同，而法亦因时而屡变也。

以礼待人是中华民族的传统美德。在生活中，待人有礼的人总是更容易受到欢迎，得到尊重。从懂礼之人口中说出的话，也往往更容易被其他人所接受，其主要原因就在于，懂礼之人会用一种比较温和且坚定的语气向人们讲述道理，并且在讲话时，他们会考虑到听者的感受和心态，让听者没有理由反驳。

孔子曾说："不学礼，无以立。"又说："非礼勿视，非礼勿听，非礼勿言，非礼勿动。"在孔子看来，人的立身之本就在于学礼懂礼，一个不懂礼的人，不要说有所作为，即使只是立身于世都会非常困难。陈廷敬自小学习儒学，对于这一观点自然也非常赞成。

孔子不但把礼视为立身之本，还把礼视为社会的纲领，乃至关乎国家生死存亡的关键。用于治世时，"礼"的含义有了些改变，由礼仪变成了礼制，但终归结底还是依照"礼"的本意引申出来的。正如伦理道德会对人们的言行举止进行规范一样，礼制是对社会的种种不良现象进行规范。

人非圣贤，是人便会有过错。社会中的种种不良现象都是由于人们犯下的过错产生的，只是有些过错情节较重，成了犯罪；有些过错情节较轻，只能被称为恶习。在《论语》中，孔子提出要"为国以礼"，其意便在于提醒统治者要以礼治国，对世间的不良现象进行规劝和制止。然而，之后的多位封建统治者都没有接受孔子的建议，孤注一掷地选择了以武力震慑人心，以武力治理国家，最后终于使国家走向了灭亡。

自古以来，每朝都有其特定的法律，对于君王而言，他们制订的法律就是最高的命令，谁都不可侵犯和更改。即便有些法律完全从保护封建君王的利益出发，无视百姓的疾苦，作为君王也仍然会强制推行，以求对国对民进行完全的控制。这种“重法轻礼”的行为让百姓们怨声载道，以至于社会上哀怨不绝，叫苦连连。

陈廷敬曾任礼部侍郎多年，在职期间，他对以礼治世有着深刻的体会。他读过历史，并从历朝历代的教训中清楚地看到，想要治世，单有法律还不够，一定要礼法并用，才能使天下秩序井然，百姓安居，社会安定。

礼部是清朝管理全国科举考试以及与藩邦往来的部门，其主管为礼部尚书，官居从一品，职责在于主持礼仪和祭奠，管理科举考试，出席外交活动等。礼部侍郎为礼部尚书的副官，官居从二品。用现在的话来说，陈廷敬当时只是礼部的“二把手”。

虽然只是副官，但陈廷敬并没有因此对自己的职责有所放松。上任以来，他便努力推崇儒家文化，多次表现对儒家“为国以礼”思想的赞同，并且主张在治世时采取礼法并用之道。有些时候，他对礼的推崇甚至远远高出了对法的推崇。

战国时期，荀子在“为国以礼”这一观念的基础上又提出了“隆礼重法”的主张，即“隆礼尊贤而王，重法爱民而霸”。陈廷敬受儒家思想影响严重，无论为人处事，又或是为官治世，他都谨遵儒家理念，以儒家思想为指导。在探讨治世理论时，他沿用了荀子的这一主张，认为应以“礼”为治世的主要原则。

荀子认为，想治世太平，需先“礼法并重”，必要时还需“礼高于法”。法能令人畏惧，却不能服众。百姓会因惧法而不去犯罪，并非因为明白此事情节的恶劣，而是因为害怕受到严酷的刑罚，所以压抑自己的欲望和冲动，不去做犯法之事。礼则不同，即可以使百姓明白此事不可做，又可使百姓明白为何不可做，从根本上制止了犯罪的发生。

荀子说：“故礼及身而行修，义及国而政明，能以礼挟而贵名白，天下愿，会行禁止，王者之事毕矣。”他认为，知礼懂礼，人的修养就能得到提高，不做违法之事，而当天下人都爱好礼仪时，世间自然也就没有违法之事发生。如此一来，就不需要依靠刑罚来对社会进行管理了。

陈廷敬在此方面也与荀子意见相同，他命人重刻《小儿语》和《宗约歌》，就是因为这一原因。在为这两本作品所作的《合刻吕氏二编序》中，陈廷敬写道：“非其不知人不可杀，而人之所以不可杀之故，凡民之知者或鲜矣。此二编者，虽非独为此而作，然童而闻之，熟于口耳而悦于心，人之所以不可杀之故，将深知其意。长焉老焉，谨而避之，民之犯于刑者亦鲜矣。”

礼治之礼最早起源于远古的祭祀文化，人们在祭祀时，需要满怀尊敬之情向神明行礼，久而久之，便演变成了对君王的行礼，以及在生活中的礼数。古代人们比较公认的有关“礼”的典籍有“三礼”，即《周礼》《礼仪》和《礼记》，其中《周礼》和《礼仪》比较全面地记载了关于古代礼仪之事，其内容却又有所不同。

《周礼》世传为周公旦所著，是一部通过礼制来表达治国方案的著作。此书中对从上古时期到殷商时期的所有礼制体系进行了详细的记载，并将先秦时期的许多社会情况，如政治、经济、文化等分别进行了介绍。书中所记录的内容都是真实的，有据可考的。在众多儒家经学著作中，《周礼》可谓是一本最全面、最权威的关于礼乐的书籍，故后人称其为汉族文化史的宝库。

《礼仪》共十七篇，分别对士冠礼、士昏礼、士相见礼、乡饮酒礼、乡射礼等礼进行分述。关于《礼仪》的作者众说纷纭，有说是周公旦所作，也有说是孔子所作。根据《史记·儒林列传》中的记载："孔子闵王路废而邪道兴，于是论次《诗》、《书》，修起《礼》、《乐》。"由此可推测，孔子只对《仪礼》进行了整理和修复，而并非此书作者。

《礼记》属于礼制和礼仪的杂集。其主要内容为先秦的汉民族礼制和礼仪，孔子与弟子关于礼学方面的探讨，以及关于做人准则的阐述。

上述三本书，陈廷敬都做过深入的研究。他认为，人们常说的"三礼"中，其实只有《周礼》和《礼仪》可算得上古代礼学之作，"《周礼》者，周官政典之书。《礼仪》者，仪法度数之事。"至于《礼记》，陈廷敬则认为它"则诸儒杂记之书，非古礼经也"。

关于仁政，儒家观点是，只要依礼施政，所施之政就必然是仁政。对此，陈廷敬也有自己的领悟，他结合历史上曾出现过的仁政的实施方式以及其结果，对这些事例进行分析，最后得出一个结论，在以礼施政时，当"沿袭不同，复之无由"，根据社会中的实际情况去采用最适合的方式，而不是对所有现象一概而论，不知变通和改进，只知沿用旧时的方法。

在《三礼》一文中，陈廷敬以王莽和王安石为例，指出他们二人之所以会在“以礼施政”的过程中失败，并不是因为他们对“礼”的概念不够了解，也不是因为他们施行的力度不够大，而是因为他们没有审时度势，对他们所处的环境进行分析，结果采用了不恰当的方法。

为了制止地主和官僚肆意进行土地兼并，扩充财富，让天下人都有田可耕，王莽以《周礼》为参考，推行了“王田”制，宣布天下的田地都为“王田”，任何人不得私自买卖，家有男丁八口，方可拥有九百亩田地，如果一家男丁人数不足八口，所分得的田地超过九百亩，就要将多出的田地分给宗族里的其他成员，或是将多出的田地分给邻居。为了确保政策的实施，王莽还规定，若是有人敢破坏法令，抗旨不遵，一律流放。

陈廷敬认为，王莽的初心没有错，唯一的错在于他没能看清当时的社会现状。对于一个刚建立不久，还未安稳的国家来说，如此大刀阔斧地推翻持续六七百年的旧土地政策，还要立刻实行新的政策，必然会遭到土地所有者们的强烈反对。加之这些土地的所有者不仅有地主，还有手握兵权的官僚，纵使朝廷兵力雄厚，也是双拳难敌四手。

王安石在实行“青苗法”时同样犯了对社会现状不够明确，盲目循守旧礼的错误。陈廷敬说，正是因为如此，他们的政策才会“以之速亡，召乱矣”。“盖古今之势不同，而法亦因时而屡变也。”陈廷敬认为，想要依礼治国，就要懂得从历史中吸取经验教训，借鉴先人们的智慧，结合国家和社会的实际情况，对这些智慧加以改良，得到最适合所在社会的礼治章程和法则。

此外，陈廷敬认为，仅仅依礼施政还不够，为官之人还应注重务实治学和做事，强化自身修养和道德，先从自我做起。他认同孔子所提倡的“克己复礼为仁”，建议官员们要克制自己，不为外物所动，不为所欲为，以免发生春秋时期那种“礼崩乐坏”的局面。

慧眼识人，勇荐贤才

吏得一心养民、教民为称职，否则罢黜治罪。

——陈廷敬

社会的发展需要人才的支持。任何有利于社会的事，必须有相应的人才去做，最后才能成功。人才的选拔是件大事，负责此事的人首先要清廉公正，其次要有一双慧眼，能够对众多候选人进行鉴别，以分辨此人是真才实学还是空有其表。在为朝廷选拔人才一事上，陈廷敬严于律己，公正待人，帮康熙解决了许多的难题。

严格控制人才的选拔

笔者问曰：在选拔人才的时候需要注意什么？

陈廷敬答曰：才学兼备方可选，无才者不得录用。

在清朝，朝廷最需要的人才莫过于才学人品皆出众，且能够为国家效力的人。为了选出这样的人才，清朝延续了明朝的科举制度，命天下学子刻苦读书，之后参加科举考试，最后从中挑选出成绩优异之人入朝为官，为国分忧。

国家需要人才，而人才也需要培养。在当今社会，对人才的培养从九年义务教育开始，之后是高级中学教育和高等教育。清朝也注重对人才的培养，但其方式却有许多不同。在对人才的培养上，陈廷敬也付出过不少的心血。

康熙八年至九年，陈廷敬曾奉命任国子监司业。国子监起源于隋朝，始称国子寺，明朝时改名为国子监。国子监是古代的中央官学，也是中国古代教育体系中的最高学府，相当于现在的大学。国子，指的是“王大子、王子、诸侯公卿大夫士之子弟”，即贵族子弟。可见进入国子监的多是些家境优越的富贵子弟。

自汉武帝起，封建统治者对教育事业都非常重视，其主要目的是“异日俱可做朕股肱耳目”。为了教育的发展，历代帝王也都设立了相应的教育机构。到顺治年间，顺治皇帝将清朝的教育政策定为:“朝廷建立学校，选取生员，免其丁粮，设祭酒、司业及厅堂等官以教之，各衙门以礼相待，全要养成贤才，以供朝廷之用。诸生皆当上报国恩，下立人品。”

据《清史稿·选举志》记载:“世祖定鼎燕京，修葺明北监为太学。顺治元年，置祭酒、司业及监丞、博士、助教、学正、学录、典簿等官。设六堂为讲习之所，曰：率性、修道、诚心、正义、崇志、广业。一仍明旧。”在国子监中，最高负责人为祭酒，主掌大学之法和教学考试，相当于校长。其次为司业，司业实为祭酒的副职，职责与祭酒相同，相当于现在的副校长。

国子监的学生统称为监生，监生们需要在国子监学习四书、五经、通鉴等课程，学期共三年。平日里，他们还需加强自己的书法功底，每日练习楷书600字以上。毕业于国子监之人可直接被授予官职，也可以参加科举，考取更高的官位。相比于那些寒门学子，他们为官之路更加容易。

现在的人想要为官，至少需要读完小学、中学、大学，之后还要参加公务员考试才有机会为官。有些职位对应聘人员要求非常高，只有本科学历还不够，所以，现在的人想要为官，至少要经过十六年的努力。在清朝则不一样，当时的社会没有中学，相当于读完小学之后直接进入大学，接受高等教育，所用的时间也要短许多。

国子监属于皇家学校，师资力量自然要强于外面的私塾和地方学校，想进入国子监的人数不胜数，可是进入国子监的条件很苛刻，并非才学出众的学生就一定能进入。对于普通人家的孩子来说，即使十年苦读，最后也不见得有机会入国子监读书。

能入国子监的监生多是富贵子弟，但入学的方式却有不同，称谓也不同。国子监的学生通称为监生，实际上分为贡生与监生两类。贡生是由各地官府贡献给皇帝的学生，其学生来源为府、州和县的秀才中成绩优异者。清朝的贡生可分为岁贡、恩贡、拔贡、优贡、副贡、例贡共六种。监生是用捐钱来得到学位的学生，其中又可分为恩监、荫监、优监、例监等。荫监是依靠父辈的官阶，或皇家恩赐而入学的。用现在的话来讲，国子监便是一所贵族学校。

捐学位与捐官一样，都是有助于污垢滋生的行为。按照规定，监生们只要取得监照，毕业后就可以直接做官或入翰林院，不需要再参加严格的科举考试。那些富贵人家知道捐得越多，机会越大后，为了让孩子进入国子监，便不惜花大价钱去为孩子捐学位，或是以厚礼去打通层层关系，以便自己的孩子能够得到保送名额。一些学生也开始不以为然，认为只要家里能拿出足够多的钱，便不需要刻苦读书。

教育本应以提升国民素质为目的。对年青人进行教育，是为了从中选拔出优秀的人才，为国家效力。然而，国子监实为一所贵族学校，普通人家的孩子即使学富五车，也没有机会接受最好的高等教育；而富贵子弟即使游手好闲，也有机会进入一流的教育学府，混得一纸文凭。如此一来，高等教育就成了专为达官贵人们设置的铺路石。想要在国子监中选拔到优秀的人才也就变得困难了。

陈廷敬自身好学，也重视教育，自然希望能够选拔出真正有才学、有远见、有能力的年青人。对于朝廷的这种不公平的制度，他感到有些不满意。然而国子监的存在是圣意，他不便干涉，只能尽职尽责，做好自己的本职工作，尽自己所能让这一场所变得干净一些，以便真正有才华的人能够得到发展。

在当时有一种陋习，学生进入国子监后必须带礼上门拜见祭酒以下官员。起初，这一规定为的是让学生懂得尊师之礼，表达对师长的尊重，可是渐渐地，许多人开始在这一环节中花心思，为达目的而送厚礼。气氛发生变化后，官员们也开始在心里衡量，根据学生们送礼的多少来对待学生，礼重者优待，礼薄者忽视。

在当时，国子监中的学业并不繁重，很多学业都需要依靠学生的自觉性。一些官员收下厚礼，便会对送礼的学生格外优

待和宽容，允许他们不务正业，不认真求学，

陈廷敬当时是司业，也属于学生们需要拜见的官员。对于给他送礼的学生，他一概拒之门外，不肯收礼。他认为这种制度不但对学生产生不好的影响，对官员也会产生不好的影响。于是，在他的提议下，国子监取消了学生拜见官员必须送礼的制度。在陈廷敬为清朝的人才选拔所做的诸多贡献中，这一项算得上是最重要的一项。

社会的发展需要人才的支持。在当今社会，人才的选拔可以通过许多方式，考试只是其中的一种，却也是最直观、最普遍的一种。通过制订不同的考试内容和规则，能够最快最直接地对人才进行筛选，判断其相关知识的储备程度，最后选出最符合需要的人才。

考试是从古时流传下来的一种选拔方式，参加选拔之人需要通过长时间的学习，积累一定的知识，同时增强自己的实力，然后才能参加相关的考试。为了保证考试的结果是公平的，考试中会设有主考、监考、巡考等人，对考生和监考人员进行监督。一旦发现考生有违纪行为，考试资格会被立刻取消，严重者数年内不得再考，监考官也会受到处罚。

对于人才选拔一事，陈廷敬一直很严肃。康熙看重他这一点，便于康熙十二年（1673 年），任命他为科举武会试的副考官。身为一文臣，却要担任武试考官，听上去有些令人匪夷所思，但陈廷敬知道康熙命自己为副考官的意图。康熙主张“武重兼文重”，即武官同样要懂理论知识，不可只知蛮力厮杀。“文”即兵法策略，陈廷敬懂得政学，刚好可胜任此职。

陈廷敬认为，只懂武而不懂文的人只可任兵士，最高可任

副将，不可为将。他说："兵家言者，毋逾孙、吴、吕、李、司马、尉缭诸书，今武士合而治之。"

康熙十六年（1677 年），陈廷敬被升为翰林院学士，参与朝廷人才的选拔和培养。康熙二十五年（1686 年），陈廷敬先后从左都御史调升至工部尚书、户部尚书和吏部尚书。吏部尚书之职在于管理人事，相当于公司里的人力资源部，所以他需要对官员们的行为进行考核，对官员进行任免、升降和赏罚。

陈廷敬认为，想要选拔出真正优秀的人才，必须先与官员们说明规则，让官员们对他产生信任，相信他的公平和真诚，从而努力做到最好。在堂谕中，他指出，官员们必须公正无私，不得作奸犯科，心存侥幸。

任文渊阁大学士后，陈廷敬发现陶仁明等四人平日学术不精，且考卷作答不堪，却在会试中取得了进士。他同时发现，此次考试的会元所作之文不合规定，而且内容不佳。陈廷敬认为此考试有失公正，任考官之人必有失职之处，若不是收受了贿赂，便是玩忽职守，于是建议康熙将此次考官和同考官处罚离职。

陈廷敬认为，即使考官没有受贿，也有过错，"向来作文不得过六百五十字"，而"阅会元首篇一千二百余字，文亦不佳"，这样违例之作都能成为会元，可见考官"不善衡文"，理当受罚。康熙虽一开始有意轻饶，但见陈廷敬之意坚决，便将此事交给他，由他调查清楚后严加处理。

陈廷敬虽无法废除清朝捐学位之事，也无法根治捐学位过程之中出现的种种腐败现象，但他通过自己的方式，对考官和监生们进行了严格监督，从一定程度上避免了鱼目混珠、滥竽充数的情况发生。陈廷敬的努力没有白费，在他的不懈努力下，监生们的质量得到了一定的保证，官员的质量也随之越来越高。

大胆启用贤能之士

笔者问曰： 有才华但性格太过刚硬的人可不可以用？

陈廷敬答曰： 果贤欤，虽折且怨，庸何伤？

陈廷敬任都察院左都御使后的第三个月，朝廷推行了外官“内擢”的政策，即在朝为官者可将一些政绩优秀的地方官推荐给朝廷，由朝廷对他们进行考核。被推荐的地方官通过考核后，便可得到提升，并有机会入朝为官。

此政一出，朝中九部大臣纷纷有人选上奏。陈廷敬认为这是朝廷觅得良才的好机会，也是使那些清廉且贤能之官得到重用的好机会。于是，他向康熙推荐了两名官员，一名为陆陇其，是灵寿县知县，另一名为邵嗣尧，是清苑县知县。

陆陇其是浙江平湖人，原名龙其，后因“龙”字会犯忌讳，于是改名为“陇其”。此人自小便在学术方面有所长，无奈家境贫困，无钱继续求学和赶考。为求生计，只好去做了塾师，以教学所得的微薄薪水来养家糊口。

在清朝，像陆陇其这样在私塾或家塾中教书的“穷秀才”十分常见，其中一些人就以此为生，直至终老；另一些则一边教书，一边找机会继续考试。陆陇其属于后者。康熙九年（1670 年），他应试补本邑弟子员，并考取了二甲进士，生活终于得到了改善。此时他已 27 岁。

康熙十四年（1675年），陆陇其被授予嘉定知县一职。上任之后，他发现当地的民风过于奢侈，以铺张浪费为荣，心里感到不满之余又有些担忧。他自小过惯了苦日子，知道生活中的一切都来之不易，所以对于当地居民的铺张深感痛心，于是他尽其全力，以身作则，对当地居民进行教化，试图使他们养成节俭的美德。

对于当地一些民事纠纷，陆陇其从不轻易判罪施罚，而是晓之以情，动之以理，对他们进行说服教育。有时说到情深处，声泪俱下，令百姓也为之动容。

有不孝子被父亲告上公堂，陆陇其便对其子进行感化教育，讲述身为人父对抚养子女的巨大付出，其语言句句深刻，使被告之子感触颇深，幡然悔悟，痛哭流涕，最后搀着父亲回家，再也没有半点不孝之举。

有兄弟反目成仇，闹上公堂，陆陇其会先对事情的起因和经过进行详细调查，找出矛盾的关键。一经发现兄弟二人是受人挑唆而发生的争执，他必会将挑唆之人揪出，当堂施以杖刑，一方面是为了化解兄弟之间的误会，另一方面也是为了警示其他人切勿再搬弄是非，挑拨离间。

在陆陇其的努力下，当地的民风果然有了很大改善，不但父慈子孝，兄弟和睦，当地的富豪也一改往日的跋扈和奢靡，心甘情愿在必要时拿出自己的财产救济当地百姓，成为百姓们交口称赞的大善人。

在针对当地赋税一事上，陆陇其建立了“挂比法”和“甘限法”，百姓可自行上报所交税收金额，但是一但上报，就必须严格按照上报的金额交纳，不得随意拖欠，一旦有拖欠，日后则要加倍交纳所欠金额。由于陆陇其心系百姓，处处以百姓的利益为先，事事为百姓们着想，百姓们非常爱戴他，对他提出的政令也都很支持和响应。三藩之乱爆发时，朝廷下令各地区上交军饷，陆陇其只是稍加劝说，百姓们便自愿上交十万军饷。

虽然陆陇其在百姓心中颇有地位，但却因过于维护百姓，以及行事过于固执而引起了上级的不满。江宁巡抚慕天颜以嘉定县民事繁杂，陆陇其能力不足为由，提出应将其下调。吏部接受了慕天颜的提议，决定将陆陇其调往小县。

康熙十七年（1678 年），陆陇其因家父过世未能参加考试，失去了 次晋升的机会，后在左都御史魏象枢的推荐下，任灵寿县知县。在灵寿县，他仍以说教为主，净化当地民风，劝百姓好好生活。为了减轻百姓的负担，他还向上级提出了与邻县更换服役的建议，为百姓做了不少实事。

邵嗣尧，字子昆，山西猗氏人，与陆陇其同为康熙九年进士。据史料记载，此人在任临淄知县时，一心为百姓着想，劝农兴学，经常资助贫苦百姓；后任柏乡知县，也以百姓利益为先，“兴水利，减火耗，禁差扰，民安之”。

此人性情嫉恶如仇，不畏权贵。《清史稿》中记载：“县人大学士魏裔介为嗣尧会试座主，家人犯法，严治之，不少贷。”魏裔介本是邵嗣尧的主试官，在当时，主试官对于进士如同恩师。若是换作他人，遇到此事必然从宽对待，然而邵嗣尧一点也不顾及恩师的情面，将魏裔介的家人依法严惩。

当地有一旗丁对一户借贷人家进行毒打，邵嗣尧得知此事，传旗丁上堂。旗丁气势汹汹，一副满不在乎的样子。邵嗣尧见状，将此人关入了监狱，并将此事上报给都统。邵嗣尧找到旗丁的主使人，问旗丁殴打贷户之事是否是他指使，主使人知道邵嗣历来严明，不敢承认。由于没有证据，邵嗣尧无法对主使人进行惩罚，只得将旗丁依法处置。

于成龙任巡抚时，曾试图开挖滏阳河，邵嗣尧得知后，极力劝阻说："此河旱潦不常，未可通舟楫。即或能通，恐舟楫之利归商贾，挑浚之害归穷民矣。"柏乡受灾荒时，他说："人惟不积粟，故岁饥则束手，吾方蕲令积粟家获厚利，何勒为？"于是令家屯大量粮食者开仓赈灾，最后"已而鬻粟者众，岁不为灾"。

这样的一个人，虽然深受百姓爱戴，却过于耿直刚毅，这从他不留情面地处理恩师的家人就可以看出。至于他处理事情时采用的方法，也往往过于简单粗暴，冷酷偏激，欠缺深思熟虑，令许多与他同期的官员心里感到不舒服。同时，百姓虽然知道他是清官，是为民做主的好官，却也害怕他的强势，感激他的同时，也对他心存畏惧。

邵嗣尧在柏乡任知县时，一名强盗在其辖区内杀了人，他听闻此事后，立刻派人将强盗抓来，对其严刑拷打后将其处以死刑。强盗的家人对他怀恨在心，于是贿赂他的上级，称他滥用酷刑使犯人致死。上级本就对他有所不满，有此惩罚他的机会自然不会放过，于是以"酷刑"的罪名将他革职。

当地的百姓得知此事后，一起为其申冤。当时的刑部尚书魏象枢也极力为他说情，最后还他以清白，使他免于重罚。此事之后，于成龙将他推荐去了清苑任知县。任清苑知县时，邵嗣尧知道此地匪患严重，于是上任后便大力开展剿匪活动。偷盗杀人者，一经逮捕，严惩不贷。他还处理了多起当地的疑案，为无辜者平反昭雪，他的铁面无私令当地的百姓称他为“白面包老”。

邵嗣尧在清苑县“感奋自励，屡断疑狱，人以包孝肃比之”。据《清苑县志》中记载，邵嗣尧虽然仍是好官，又曾经历过一次教训，但他的性格却没有丝毫改变，仍然十分偏激。一次，他的妻儿去清苑探望他，他误以为妻子是因之前向他要钱置办房产不成而前来纠缠，便命他们不许进城。

除此之外，邵嗣尧的偏激还体现在许多方面。他与陆陇其为同年进士，也是好友，可是在性格上却天差地别。陆陇其遇事主张柔和，喜欢说教，不轻易施刑，邵嗣尧却主张刑罚，不近人情。一次，有人得知他们二人关系较好，便将想求陆陇其办事之意告诉邵嗣尧，托邵嗣尧代为传达。陆陇其不想答应此事，又不想当面驳朋友的面子，便随口应允下。

陆陇其本以为时间一久，此事不了了之也就罢了，没想到不久之后，请托人见事未办成，便去质问邵嗣尧。邵嗣尧很生气，以至于在朝堂之上一见到陆陇其就忍不住大声责骂，完全不分时间地点场合。在场其他官员见了，对他的不满更重了。

换作其他人，为了不给自己添麻烦，一定不会推荐这样的两个人，特别是邵嗣尧这般喜欢意气用事，欠缺理智之人。可是陈廷敬却并不在意，他平日里就曾多次称赞这两人治理有功，是难得的好官。有人好心提醒他，这两个人虽然廉洁奉公，但都因其个性招惹过许多人，被许多官员怨恨，你若是太欣赏他们，恐怕有一天也会被他们二人连累。陈廷敬听完别人的劝告说，若是这两个人真的德才兼备，被人怨恨又何妨？

康熙接受了陈廷敬的建议，将陆陇其和邵嗣尧都提拔为御史。事实证明陈廷敬还是很有远见的。此二人后来虽也与朝中其他官员产生过节，但其意终归是好的，也确实以他们的清廉和才学为清朝做了不少贡献。

陆陇其因精通理学，被清廷誉为“本朝理学儒臣第一”，去世后还被康熙追谥为清献，加赠内阁学士兼礼部侍郎衔，从祀孔庙。邵嗣尧在陆陇其身故之后任江南学政。“既莅事，虚衷衡校，论文宗尚简质，著四书讲义，传示学者。”

可负其责方可在其职

笔者问曰：如何挑选基层管理者？

陈廷敬答曰：自古未有不晓文义之人可以为民父母者也。

清兵入关前，对官员的选拔采取的是“世职制”，主要从满族各大家族和八旗中挑选。到皇太极执政时期，军功和率部属投诚归附官员成为皇帝最为看重的因素。而到了康熙年间，除了通过正当科举考试入选的官，还有一部分是通过捐纳、保举等途径得来的官。在通过其他途径获得的官中，通过“捐纳”的官占最多。

“捐”的起源很早，百姓们凭借向朝廷捐献粮食来取得官位也有很久远的历史，最早可追溯到秦朝的“蝗虫从东方来，敝天，天下疫，百姓纳粟一千石，拜爵一级”。到康熙年间，这种捐官之举被称为“捐纳事例”，简称“捐纳”或“捐例”。

捐纳的产生是为了暂时缓解国家的财政危机，属于一种应急行为。康熙起初推行捐纳的主要目的便是为了扩充国库，以供军饷。早年间，为了平定三藩，康熙动用了大量的兵力和物力，导致国库变得紧张。特别是清军与吴三桂的主力部队隔江对峙后，由于附近水路繁杂，清兵急需大量船只以应战，而船只数量又不足，于是康熙下令立刻打造大批船队，以供军需。

在平乱过程中，清政府多次打造船只，运送大量粮米到战场，这些都消耗了大量的人力、物力和财力。为了改善这一状况，增加兵力，康熙启用了“捐纳”制度，有效地缓解了财政危机。自此之后，捐纳便渐渐成为了清朝一种正当应急手段，同时也成为了一些人正当取得官位的途径。

御史蒋伊上《甄捐纳以恤人才疏》中有记：“查康熙九年起至十八年，应选者不下二千人。每遇铨除，捐纳者居十之六，应选者居十之四。……捐纳知县，原出于一时权宜之策，乃有先用，又有即用，更有小京职之一途。”

在为筹军需而施行的捐纳中：捐银二百两者可为八品官或获监生资格，曾因过而被革职的四品以下官员可通过捐纳的途径复职，捐银一千两以上可为知县。在为赈灾而发起的捐纳中，所捐金额更高。据《六部则例全书》中记载：“查定例准贡生监生考职者纳银一千五百两，未经考职者纳银一千七百两，俱准以知县用。今议，考职者纳米四百八十石，或草三万三千六百束，未考职者纳米五百四十四石，或草三万八千八十束，俱准以知县用。”

清朝的捐纳大体可分为两种，为了平定三藩而发起的捐纳与赈灾、开河工时所发起的捐纳等均属于“暂行事例”，这种捐官所得官职为实官；至于捐虚衔、出身、封典等则属于另一种，叫“现行事例”，捐纳所得之官多没有实权。

从康熙起，捐官之事频频发生，曾有过一年之内，仅一个地区捐纳官员的人数便上万的记录。朝廷急于筹款，在捐纳一事上便不够严谨，对于捐官之人的实际情况不够了解，也没有对其进行严格的考核。但凡捐纳金额达到标准，便允许其为官。这也导致许多官员虽任其职，却不具备相应的素质，无法尽其责的情况时有发生。

一名白丁，捐纳几千银两后便可摇身一变，成为堂堂知县，而这一过程也不过朝夕之间。在选择官员的过程中，只看银两而不看才能，必然会对社会造成不当的影响。陈廷敬经过调查，发现有许多人未经考试便成了知县、知州等官，而这些人为官之后，所作所为皆不符合为官之道，不能真正为百姓造福。

知县俗称“七品芝麻官”，官衔虽不大，却是最贴近基层百姓的官。百姓有了冤屈，会找知县说理，受了欺负，也会找知县申诉。有时，他们还会把一些家长里短的矛盾带去县衙，请知县为他们做主。对于一些小地方的百姓来说，知县的地位比皇帝还要重要。毕竟皇帝远在京城，管不了他们的事，他们有什么问题都只能找知县帮忙，所以百姓也称知县为“父母官”。

知县相当于县长，主管县里的各种行政事务和一县百姓的生活，所以理当具备处理问题的能力。可是许多捐来的知县本身不通文墨，连百姓的诉讼也看不懂，更不要说让他们书写公文，治理当地事务，处理案件等事。这些人任知县后或是只图享乐，大肆敛财，不管百姓死活，令百姓叫苦连天；或是胆小怕事，一遇到问题就躲起来。百姓生活中遇到困难，向他们求助，他们不是置之不理，便是束手无策，或“假手胥吏”。

陈廷敬初任都察院左都御史后，第一个决定便是整顿捐纳的知县。他上书康熙，直接指出此事的弊端，并针对当时存在的一些现象提出了建议。

身为知县，应将百姓之事视为自己的事，亲自处理百姓之困，利百姓之生。虽然捐纳一事是皇帝的旨意，且确实对朝廷有一定帮助，无法擅自终止，但陈廷敬还是希望能够对百姓有利一些。他认为："亲民之官，其职至重，至于文移簿书期会讼狱之事，皆身自经理，不得假手胥吏，使夤缘为奸其事又甚难也。"若是一定要以捐纳的方式选官，至少要从中选出一些略晓文义之人，以便处理县中事务。

在《请严考试亲民之官以收吏治实效疏》中，陈廷敬写道："臣查俊秀一项，初捐既是白身，有司曾未一试，而吏部辄与选补。……臣又查吏部有考试招民知县之例。……臣愚谓知府知州知县，凡俊秀捐纳有已经考职后捐纳者，依例选补。有未经考职遂行捐纳者，于补选之时仍行考试。"

陈廷敬之所以会提出这一建议，主要是因为当时靠捐纳而得官的人太多，想要一次性改善官员的整体素质太难。知县处于最基层，先从小官抓起，也便于以后开展其他的整顿活动。

陈廷敬认为，自古以来，没有一名"不晓文义之人"有能力为父母官。他认为，即使是捐纳之官，也不能过于马虎敷衍，对于已捐纳者，应在受命前接受朝廷的考试，考试标准可以适当放宽，不与科举之人同。若是捐纳之人能够大略知晓文义等，可被录用，若是完全不懂，则不得录用。

陈廷敬这一提议引得吏部官员议论纷纷，虽然所持理由不同，但他们都是反对的。一些官员认为，朝廷采用捐纳之事，为的就是能够使富贵百姓积极向朝廷捐银两，以解决朝中的财政困难，陈廷敬这一建议大大提高了捐纳的门槛，如此一来，一些胸无点墨却富甲一方的人就会放弃捐纳，虽然对提高官员的素质有益，却损害了朝廷的利益。吏部中还有一些官员本想以此借机敛财，陈廷敬的这一提议等于断了他们的财路，所以他们更加不满意。

吏部官员进行商议后，以“以前补用人员，从未考试，应不准行”为由上报康熙，希望康熙能够保持惯例，不接受陈廷敬的提议。康熙却认为陈廷敬所言有理，同意了陈廷敬的提议。

事实上，官员若是不识字，不但无法断民之案，同时也令朝廷蒙羞，消弱百姓对朝廷的信赖和尊重。康熙身为一国之君，岂会不明白这个道理，所以他才会同意采用陈廷敬所提议的对捐纳之人进行考试的建议。自此，捐纳之官的日子便没那么好过了。

陈廷敬在都察院做了两年半的左都御史，在他的努力下，捐纳之风虽没有得到控制，但捐纳之官的素质确实有了很大的提高。百姓的困难能够得到解决，不满的情绪也就少了，生活也就更加安定了。

康熙见陈廷敬之议作用甚佳，一年之内将他接连升调，最后命他为吏部尚书，专管官员的选拔和考核。身上的职责更重了，陈廷敬也更加严肃了。他提出，“诸司正己以勉诸吏。其有不率者，刑章具存。或有打点官吏，假借名目作为奸弊，恣意招摇，……立时参奏。”

陈廷敬对当时朝中一些常见问题一一细究，并将一些平时其他官员视为平常的弊端一一列出，向康熙禀奏，指出这些都是应严加处理之事。在他眼中，凡是不合理的事，就必须要解决，凡是不合格的官员，就必须要清除。

无论在生活中还是在工作中，用对人、用好人都有着重要意义。将有能力的人放在相应的位置上，才能使其能力发挥到最佳。同样，在对应的位置放上适当的人，才能让这个位置起到它应有的作用。在对官吏的选拔和管理方面，陈廷敬就一直坚信这一点，而且他也是这样做的。换个角度去看，康熙能将他放在吏部正堂这个位置，将此事交给他，说明康熙也是会识人，懂得用人的皇帝。

公平对待天下贤士

笔者问曰：用人时是否需要考虑其背景？

陈廷敬答曰：有能者方可任其职，无关之由不可取。

做明君，当知人善任，也当一视同仁。然而一视同仁说起来容易，做起来却很难。身为九五之尊，虽手握皇权，有时却也会身不由己，为了大局而不得不暂时受制于奸佞，明知事情不公，也只能眼睁睁地看着忠贤遭受委屈，无法出手相助；又或者明知皇亲国戚犯了错，却因涉及皇室成员人数过多，为了维护皇家尊严，不得不草草了事。

在封建社会，每一个朝代的官场中都存在许多不公之事。各种势力盘根错节，裙带关系严重，勾心斗角、争名逐利之事时有发生。即使当朝的君王是明君，也很难完全杜绝或避免这样的事情发生。所以，一提起古代的官场，人们总会想到“黑暗”一词。官场的复杂和黑暗让一些贤能之士遭受了不公平待遇，也使朝廷失去了不少贤德之才。

东晋时期的陶渊明生于没落官宦之家，其曾祖父陶侃曾是东晋开国元勋。由于从小受到儒学教育，陶渊明从小便胸有大志，希望长大之后能够入朝为官，“大济于苍生”。然而当时的社会非常黑暗，像他这般厌恶虚荣、心气高洁之人，自然会受到其他官员的排斥，以至于他 29 岁才有幸得一小职。可是为官之后，陶渊明却受不了每天笑脸逢迎那些衣冠楚楚的卑鄙小人，于是先后几次辞官，最后终于归隐田园。

战国时期楚国的屈原一生之中所受到的不公待遇更加严重，先是因小人谗言而遭到罢黜，而后被皇帝利用，再后来两次被流放至偏远地区，饱受风霜苦难。他会在最后选择投江自尽，也是因为对楚国彻底失去了希望。

在中国古代历史上，不但朝廷和官场之中存在着各种各样的黑暗，就连科举考试中也存在着许多不公。很多人十年寒窗苦读，满腹经纶，明明考中了进士，最后名次却被买通了考官的官宦子弟所取代，于是只得再等三年。有些人只因不小心得罪了考官或是朝中大官，便被拉进了黑名单，即使有真才实学，也始终无法考中名次。陈廷敬知道这种情况的危害，为保贤能，提出了整顿科举制度的主张，并取得了一定的成效。

《吕氏春秋》记载了一个关于举贤不避亲的案例。春秋时期，南阳缺少一个长官，晋平公问祁黄羊谁适合任此职，祁黄羊推荐了他的仇人解狐。晋平公依祁黄羊之见任命解狐之后，解狐果然在此职位上做出了一番成绩。过了一段时间，晋平公想要选一人任军事统帅，于是又去征求祁黄羊的意见，这一次祁黄羊推荐了自己的儿子祁午。晋平公又依祁黄羊之见任命了祁午，事实证明祁黄羊的提议又一次是正确的。

祁黄羊推荐自己的仇人和儿子时，没有将他们当作自己的仇人和儿子来看，而是忽略了他们与自己的关系，从一个毫不相干人的角度去对他们的能力进行了评估，发现他们各项能力最为适合这两个职位后才推荐了他们。所以孔子听闻这些事后对祁黄羊的做法表示了肯定，认为祁黄羊的这些作法足以说明他大公无私，只以客观条件择人善任。

后来的一些官员心存侥幸，于是将祁黄羊自荐其子之事当借口，在朝廷需要用人之际，将自己的儿子推荐给朝廷，美其名曰“举贤不避亲”。而事实上他们的儿子并不是最适合的人选，他们此举也不过是想要找个名目，假公济私罢了。

凭陈廷敬的身份和康熙对他的信任，若是他推荐的人，康熙必然会优先考虑。然而陈廷敬虽负责过官吏选拔之事，也推荐过不少有贤能人朝为官或升职，可这其中从未有过与他沾亲带故之人。

都说身为长辈，为子孙着想，为子孙铺路是天经地义的事情。秦桧就曾为求自己的孙子秦埙能够夺魁，特派了自己的两位亲信担任主考。两位亲信当然明白秦桧的意思，于是在判卷时将秦埙的试卷评为了第一。只不过高宗在亲阅试卷时，从秦埙的文章中读出了秦桧的语气，于是将其降为第三名，改判张孝祥为第一名。陈廷敬曾负责科举之事，可他却从未想要利用自己的优势为子孙们谋一点福利。在他眼中，天下人皆相同，没有身份地位之差别，只有其能适职或不适职之分。

陈廷敬的子侄共有二十人，其中有十三人考取了功名，进士四人，举人一人，贡生五人，监生三人。在这十三人中，除陈随贞考中庶吉士后因事请假回家，再未回官场外，共有九人做了官，三人做了候选者。这些子侄们在科考中全都没有受到过陈廷敬的优待，他们能够考取功名和为官，凭的都是自己的实力。

陈廷敬有三个儿子，其名皆出于《易经》中的卦名。长子谦吉之名取自“谦”卦中的“谦谦君子，用涉大川，吉”；次子豫朋之名取自“豫”卦中的“由豫，大有得。勿疑，朋盍簪”；三子壮履之名取自“大壮”卦中的“君子以非礼弗履”。

儿子们还小时，陈廷敬便教育他们要努力读书，不可靠父辈关系。三个儿子谨遵父亲的教诲，发奋读书，最后皆凭自己的实力考取了功名，得到了官职。陈豫朋和陈壮履均考中了进士，入翰林院。陈豫朋最高入刑部，任陕西司郎中兼广东道监察御史，陈壮履最高为侍读学士、内廷供奉、翰林院编修。陈谦吉入监生，最高为江南淮安府邳睢灵璧河务同知，后因身患疾病而辞官。

陈家的子弟均是有真才实学之人，陈豫朋八岁时便可学习父亲所编的《杜律诗话》，能将其中诗作背诵如流。长大后，陈豫朋的诗作以效仿二谢和杜甫为主，一生著有《濂村诗集》《幻因集》《且怡轩诗钞》《濂村经解》等作品。陈壮履被人称为南垞学士，著有《潜斋诗集》《慕园诗草》《南垞集》和《读〈书〉疏》。

陈廷敬的几位侄子也都才学出众，皆有著作。陈随贞著有《立诚堂集》和《寄亭诗草》，陈观颙著有《恤纬集》，陈咸受著有《褊庐诗集》，陈复刚著有《意园近稿》和《卧屿集》，陈贲懿著有《问津诗集》。

陈廷敬的三位儿子为官后都尽职尽责，清廉公正。陈豫朋曾在关陇间为地方官六七年之久，政绩出众，深受当地百姓爱戴，并因此得到了升迁。陈豫朋和陈壮履为官期间都曾因小事而遭到过降职，陈廷敬得知之后，不但没有为他们二人求情，反而写信嘱咐他们千万要谨慎言行，不得再犯错，辜负朝廷的信任。于是两位儿子听从了父亲的教诲，诚心改过，最后又重新得到了朝廷的任命。

并非只有位高权重者身上才会出现不一视同仁之事，位低权轻者身上同样会出现这种情况。在古代的官场中，许多人为了让自己不再处于低位和劣势，主动向一些有权有势之人示好而不理会其他人，这便是不一视同仁的体现。

陈廷敬的原则便是做好自己。他一生从不曾主动向高官之人讨好，他的子侄们也延续了他的这种气节，从没有巴结讨好上级的行为。他们虽官职高低不同，但都不曾为求上位而违背自己的良心和原则，始终兢兢业业，恪尽职守，品行不出一点偏差。

子侄们的行为令陈廷敬很满意。当他的三子陈壮履考取进士时，他已年过六旬，对于他这样乐天知命的人来说，能够看到后辈们有这样的成就，深感欣慰。在他去世后，陈壮履的好友金农为陈家作诗数首，并在《午亭山村》一诗中这样写道："独持清德道弥存，半饱遗风在菜根。厩吏尚然思楚相，栈车牝马久无存。"

陈廷敬身为朝中高官，在对待人才方面却一直持着一碗水端平的态度，这种态度对于每一位渴望得到贤能的人来说，都是值得学习的。公平待人是陈廷敬的原则，也是他的智慧。他的公平让朝廷之中无人敢对他要手段，从而让企图滥竽充数的人远离了官场，保证了贤能之士能够得到应有的任用，也保证了国家的人才不至于流失。

不以私心决定人才去留

笔者问曰：遇到与自己实力相当之人应如何应对?

陈廷敬答曰：恪尽己责，不与旁人争功利；安分守己，不涉权谋乱初心。

在能人辈出的时代，想要出人头地很难，想要一直保持自己的地位更难。有人说，职场如战场，每个人都是竞争对手，不拼个你死我活，便很有可能被他人踩下去，再无出头之日。于是有些人为了不让自己成为牺牲者，便努力向上爬，甚至不惜一切代价对所谓的“竞争对手”暗地使坏，毁掉他人的前程。

事实上，竞争本应是件能够促进个人和社会进步的好事，可若是人人都扭曲了其原本的意义，整个社会就必然会陷入混乱之中。想要“出人头地”的想法本没有错，但若是因此而不择手段地伤害他人，毁掉他人的前途，势必会对社会造成巨大的损失，也会对自己造成一定的反噬。

在封建社会，这种为了稳固自己地位而损害他人利益之事时有发生。一些君王为保皇权在手，残害手足同胞，打压朝中贤能；一些朝中重臣为保自己一人之下、万人之上的地位，结党营私，陷害忠良。然而，他们的这种做法只能保证自己的短期利益。无论君王还是朝臣，一旦试图一手遮天，排除异己，打击贤能，他们也就离失败不远了。

陈廷敬与康熙关系密切，又得康熙特殊恩宠，若是他有心，完全有机会“一人之下，万人之上”，然而他却没有这样做。他在朝为官期间，虽然地位已与过去几个朝代的“宰相”无异，但却从未想过一手遮天，而是与同僚以礼相待，并积极向朝廷举荐贤才，是以康熙年间能够有许多如李光地、张廷玉、张伯行、鄂尔泰等贤臣存在。

陈廷敬这样做自然与他的为人之道有关。他没有功利心，不以高官厚禄为目的，只以辅佐明君为己任。一心为国为民，自然不会妒贤嫉能，更不可能为保名利而伤害他人。从客观角度上来看，陈廷敬的这种做法十分明智。自古以来，为求上位而谋害手足之君，为保私利而陷害忠良之臣，虽然得一时之快，获一时之利，最后的下场大多非常悲惨。

隋炀帝杨广继位后，为了确保自己的地位不被动摇，假传先帝遗诏，逼迫自己的哥哥杨勇自尽，并诬陷弟弟杨秀在宫中私施巫蛊之术导致先帝病逝，将其贬为庶民之后软禁。为了避免皇室中还有人会威胁他的帝位，他又先后诛杀了自己的侄子杨俨、杨筠、杨嶷、杨恪、杨该、杨韶、杨煚、杨孝宝、杨孝范九人。

杨广虽少年便屡立战功，并在镇守扬州时政绩突出，但为君之后，他却少有建树。若是他肯知人善用，善待前朝功臣，或许也有机会将国家治理得井井有条，然而他并没有这样做。为了避免旧臣们效忠先帝而不服他，也为了避免旧臣在朝中势力过大，影响他的权势，他将前朝的功臣一概处死。

继位时间越久，杨广越发荒淫无度，残暴不仁，终于激起了民愤，引发了大规模的农民军起义。最后，杨广在叛军的追杀中狼狈而死，不但没有行君王之葬礼，连一副像样的棺材都没有。

杨广之败在于他过于在意自己的地位，不知善待贤臣，对天下百姓进行打压，最后落得身死国灭的下场。若是他能稍微理智一些，便会发现天下并不是他一人的天下，而是百姓的天下。他以一人之力与天下作对，自然得不到好的下场。

君王尚且如此，何况朝臣。历史上有太多朝臣从位高权重到一败涂地，其根本原因都是他们嫉贤妒能，为保个人地位对真正的贤能赶尽杀绝，只将奸佞之人献于君王的缘故。他们以为这样便可独得君王的宠信，可以欺上瞒下，在朝中翻云覆雨，无人能及。但他们忽略了谎言总有被戳穿的一天，一旦说过的谎话、做过的丑事被君王知晓，等待他们的只有更加悲惨的结局。

不去追溯更久远的年代，仅康熙年间，这种因想要一手遮天而身败名裂的朝臣就有不少。诸如鳌拜和明珠，哪一个不曾是权倾朝野，又有哪一个最后不是一败涂地。虽然他们最终被惩治的原因与迫害贤能无关，但若细究，他们其中哪一个不曾为了扩大自己的势力而打压与自己意见相左之人，这之中又有多少无辜贤能因他们的迫害和打压无法施展才华，报效祖国。

鳌拜妄自尊大，擅权自重，妄施专权，朝中有许多贤臣不满他的跋扈，提出抗议，皆被他以各种罪名处死。明珠表面亲善，却只是为了拉拢人心，丰满自己的羽翼，他将顺其意者推荐给康熙，将逆其意者极力排挤打压。最后，鳌拜被康熙施计拿下，明珠被罢黜后再无出头之日。

历史上，兴盛的朝代有不少，其原因是它们皆有能够善待贤能的君王和善于推荐贤才的贤臣。若非如此，单凭君王一己之力，虽夺得天下却不可统天下、治天下。自古贤君爱才惜才，才会有贤能之人甘心为其赴汤蹈火，在所不辞。身为朝中重臣，懂得知人善任，心胸宽广，才不会令有才之士遭遇不公的对待，埋没才华。

鲍叔牙初与管仲交往时，两人都只是普通百姓。其他人都认为管仲志大才疏，鲍叔牙却不这么看，他率先发现了管仲的才干，并在生活中处处对管仲施以关照。之后，二人一起弃商从政，入朝做了大夫，并各以一名皇子为主，管仲跟随的是齐僖公的次子纠，鲍叔牙跟随的是齐僖公的三子小白。

后来，齐僖公长子诸儿继位，是为齐襄公。此人暴虐无度，肆意追杀两位皇弟，于是鲍叔牙和管仲各护其主逃亡他国。齐襄公在位第十二年，大臣连称和管至父发动政变，拥公孙无知为君，然而公孙无知刚刚在位一年便在出游途中遇害。一时间齐国没了君王，管仲和鲍叔牙便急忙劝各自的主人回国接任王位。

回齐国途中，两方相遇，管仲一时情急射了公子小白一箭。公子小白虽没被射中，但为了麻痹对方，于是装死，最后先纠一步回到齐国，任了国君，是为齐桓公。得到王位后，齐桓公立刻率军打败了公子纠的队伍，将公子纠正法，并将其部下关押牢中。齐桓公对于管仲曾射自己一箭之事一直怀恨于心，所以虽暂时留管仲一命，却从未放弃亲手杀之以报一箭之仇的念头。

鲍叔牙深知齐桓公的想法，为保管仲之命，他多次在齐桓公面前称赞管仲是天下奇才。齐桓公虽不识管仲，却信鲍叔牙，于是听了鲍叔牙的建议，暂时断了杀管仲之心。谁知鲍叔牙并非只想保管仲之命，还在齐桓公提出任他为相时对齐桓公说："管夷吾治于高傒，使相可也。"

鲍叔牙告诉齐桓公，自己虽能助齐桓公治理国家，但却无法助齐桓公成就霸业。齐桓公若是有雄霸天下之心，必须选一既能安抚百姓，又懂治理国家，能给国家制定规范礼仪，能指挥将士练武，且对主人忠心不二之人在身边辅佐，而天下除了管仲，再没有更好的人选了。

鲍叔牙对齐桓公说，管仲确是难得之才，他虽曾对你不利，但那也只是因为他忠于当时的主人，由此可见此人的忠心。若是得你赦免，并被你重用，他心中必然感恩戴德，誓死效忠于你，尽全力帮助你争霸天下。而且，他曾冒犯过你，你若是不计前嫌起用他，天下贤能之士得知，必然会认为你是位贤德的君王，主动投奔，心甘情愿效力于你。

齐桓公听完鲍叔牙的理由，心中豁然开朗，立刻派人择良辰吉日，以极高的礼遇将管仲接进王宫，与其谈论国事。在交谈中，齐桓公发现管仲果然如鲍叔牙所言，是位难得的良才，心中大喜，遂与管仲畅谈了三天三夜，之后任管仲为相国，并尊称其为"仲父"。

齐桓公启用管仲之后，对其非常信任，并告诉身边人："国家大政，先禀仲父；有所裁决，任凭仲父。"管仲也果不负其所望，为齐桓公献了许多良策。得知是鲍叔牙救了自己一命，并且推荐自己当了相国，管仲对鲍叔牙感激不已，鲍叔牙却并不以此事为然，从未因此要求管仲对自己有任何回报，还尽力协助管仲的工作。两人携手在齐国推行了一系列的政策，对内悉心教化，对外不卑不亢，恩威并施，最后辅佐齐桓公成为了春秋时期的第一位霸主。

管仲病重后，齐桓公问他是否可让鲍叔牙接替他的职位。管仲说鲍叔牙是位君子，但不够变通，不适合为相。奸臣易牙得知此话后，立刻转告鲍叔牙，想以此离间管鲍二人的关系，却不想白费了心机。鲍叔牙不但没有生气，反而笑称管仲说得对，还说自己正是因为管仲这种只忠于国、不计私心的品质，当初才推荐他为相国的。

从齐国曾有过的兴盛便可看出，千里马既需要伯乐的赏识，也需要伯乐的爱护。若是朝中有一嫉妒贤能之人手握大权，即使君王再贤明，有才之士也难得到君王的赏识。鲍叔牙的不嫉贤妒能和齐桓公的知人善任让齐国取得迅速发展，一度成为春秋时期最兴盛的国家。遗憾的是，齐桓公最终没有听从管仲的临终谏言，再度起用了易牙、卫开方和竖刁三位奸臣，并轻信于他们，最后导致齐国的快速衰落。

陈廷敬研究过史书，对管鲍之事十分了解，也很赞成鲍叔牙的处事态度。在职期间，他对于朝中贤人的态度和鲍叔牙相同，对待真正有才学的人，他从不嫉妒，从不担心，只会鼓励和帮助。有年轻人虚心向他请教学问，他都一一作答，从来没有架子，年轻学子们对他也是尊重有加。

陈廷敬的存在使朝中真正喜好学术研究之人有了一个安定的场所，也保证了康熙年间善于治世之人有了一个发挥长处的平台。

钻研学术，精益求精

风霜历后含苞实，只有丹心不老迷。

——陈廷敬

学习并不难，难的是如何学得扎实，学得透彻。在学习过程中，态度起着非常重要的作用。能够将学习视为生命中最重要的事情之一，方可成为一名真正的学者，方可在此领域中取得卓越成就。陈廷敬一生求学态度严谨，并学以致用，不但成为一代经学大师，还在诗词和文集的编撰方面取得了不小的成就。

忠于自己的选择

笔者问曰：如何平衡爱好和工作？

陈廷敬答曰：以仕扬志，以志辅仕，其心不变，其志不移。

人一生中最幸福的事，就是能够从事自己喜欢的工作，这样每一天都会很开心，很满足。当今社会里，真正能够从事自己所爱之事的人少之又少。很多人为了生活不得不去从事自己并不喜欢的工作，虽然每天都很努力、很投入地工作着，可是心里却并不开心。只有停下工作，去做真正喜欢的事时，他们才能感觉到快乐。

如今对于工作的选择，社会中最普遍的建议有两种，一种是选自己所爱的，另一种是爱自己所选的。持后一种观点的人认为，想要从事自己所喜欢的工作是很困难的事，也是不现实的事；想要过得开心顺利，唯一的办法就是去爱自己选择的工作，无论曾经有多么不喜欢，既然选了，就要学会用心去爱它。

这样的观点听上去有些道理，毕竟态度对于人的生活能够产生一定的影响，可难道爱好和工作就真的不能两全，想要生活下去就必须放弃自己的爱好吗？并非如此。只要选得对，鱼和熊掌同样可以兼得。

鳌拜被扳倒后，康熙重开经筵，并请翰林院的学士为他讲经。陈廷敬先任起居注官，后任经筵讲师，为皇帝讲解经典。对于他而言，这无疑是件值得高兴的工作，因为他自小就喜欢研究经学。俗话说，教学相长，对康熙进行讲学的过程也是他巩固自己知识的过程，所以他在这一过程中感受到了快乐是必然的。

经学是门古老的学问，其历史到现在已有两千五百多年。在 1947 年版的《辞海》中，“经学”被定义为：“研究经传，诠释诂训，剖析义理，谓之经学。”在 2009 年版的《辞海》中，“经学”的定义则变成了：“训解或阐释儒家经典之学。”现在的“国学”也是由曾经的经学发展起来的。

经学原指注解各家经学要义的学问，从汉代起变为专门针对儒学进行注解的学问，有些对经学典籍的注解由于年代太久远，或是注解过于简洁，令人难以明白其中的意思，于是后人对这些注释进行了二次解释，称作“疏”，并增设了“解”“考证”“集解”“正义”等详细解释说明。

经学是我国特有的学问，对经学进行研究、阐释、注解和宣传的人被称为“经学家”。古代的经学家有两种，一种是民间学者，另一种则是如陈廷敬一般在朝中任教学之职的人。

学习对于很多人来说是件困难和痛苦的事情，但对于陈廷敬来说则完全相反，他热爱学习，喜欢研究学术经典，视之为自己一生的使命。他从未因学习内容的枯燥和单调而感到厌倦，反而非常喜欢将自己沉浸在纲学典籍之中，让自己吸收其中的营养。

对于经学，陈廷敬总有许多独特的思想和见解，他不同于一些同期的学者，只知死读书、读死书，而是一边读，一边思考，探索经学之中的奥妙。陈廷敬一生在经学方面进行了长期研究，发现经学对于治学和治国都有着重要意义，可影响国家的兴衰存亡，所以他时时向康熙传递应依经学治国的思想。

同样以儒家经典为研究对象的还有一种学说，即理学。一些人认为“经学即理学”，事实上，经学和理学有所不同，其中“经学”属于“汉学”，主要对诸如《诗》《书》《礼》《乐》《春秋》等儒家经典进行研究；“理学”则属于“宋学”，是“经学”演变的合逻辑的产物，重点在于讲义理，研究哲学。

陈廷敬对经学的理解由表及里，由小见大，从经学中读出了汉学与宋学的得失，对经学与道统及通经致用的原则等一一进行了论述。汉学中，他比较崇尚今文经学；宋学中，他则比较崇尚程朱理学。

在陈廷敬的心中，爱好与工作不但不冲突，而且相辅相成。他说："夫其初，所谓经者，《易》《书》《诗》《礼》《春秋》而已。是以石渠之论，称制临决曰五经同异。孝章修甘露故事，亦曰论五经于白虎观。唐贞观中，乃分列九经。而唐之经义不胜于汉，若是乎，佚者若存而存者若佚也。"

陈廷敬认为经学的发展之所以能够在汉朝达到兴盛，主要原因在于汉帝的支持。从汉文帝起，汉代便将经学作为官学。有了统治阶级的支持和倡导，经学才能够顺利得到发展。再看他所生活的朝代，同样有一位崇尚经学，并且好学的君王，所以他想以自己所热爱的经学为事业，将其发扬光大，自然是件非常容易的事。

可以说，陈廷敬是幸运的，他坚持了自己的理想和爱好，又遇到了识才的伯乐，于是他脱颖而出，成为其所在年代中的佼佼者。虽然客观条件很重要，但是主观条件同样重要。陈廷敬实现了他的理想，并不完全因为康熙喜欢儒学，给予了他许多有力的支持，为他提供了一个可发展的平台，更重要的一点在于他的坚持。

陈廷敬在决定坚持经学研究时，康熙并未登基，他绝不可能想象得到未来的君王会是如汉文帝一般崇尚儒家经学之君，还是会如秦始皇一般极力反对打压儒家经学之君。事实上，关于这一方面，他连想都没有想过。对他来说，既然决定了在经学上有所建树，无论前方的路会变成什么样，他都会义无反顾地走下去。上天也没有辜负他的一番努力，让他所生活的朝代有了一位明君。从一方面来看，陈廷敬用心辅佐康熙，使康熙成为一代明君；从另一方面来看，康熙也成就了陈廷敬，帮助他实现了心中的理想。

凡事贵在坚持，陈廷敬能够成为一代经学大家与他的坚持密不可分。在前路未知的情况下，他仍然能够致力于经学研究，没有试图以其他的发展去换取高官厚禄、荣华富贵，这就是他成功的一个重要原因。若是当初他出于其他目的，没有用心积累自己在经学方面的知识，没有努力让自己成为一名出色的经学研究者，而是等到所在的朝代真的出了一位崇尚经学的君王后再继续学习和研究，他的知识储备必然不会这么丰厚，也就无法得到康熙的赏识。

以自己所热爱的事为事业，就会将全部的热情投入其中，为其赴汤蹈火，在所不辞。选择一项与自己所热爱的事相辅相成的工作，不但更能在事业中取得成功，也更能让自己的人生无憾。

学以致用方为实

笔者问曰：如何更好巩固所学到的知识？

陈廷敬答曰：夫经以致用，致用之实。

想要学好一门知识，重要的是有长久的热情。想要更好地掌握一门知识，就要懂得学以致用，将所学到的理论知识与实际的应用联系起来，通过实践不断加深和巩固对理论的理解，并在实践的过程中仔细揣摩和研究，最后对理论产生新的认识。只懂书本上的知识，不懂如何应用，学习的意义和效果便都降低了。

在如何处理实践和理论的关系上，陈廷敬认为“经以致用”是关键。他认为，只会纸上谈兵是行不通的，经学中充斥着先圣们的智慧，若不妥当应用，便是对先圣智慧的浪费。“若是乎，佚者若存而存者若佚也”说的就是这个观点。

学以致用的观念使人们拥有较多务实精神，较少不切实际的空想。陈廷敬入朝之后，便努力将经学应用于规劝君王。他说：“尝慕宋臣以半部佐君，先明敬信节爱；愿学朱子以四子入告，亦曰诚意正心。即致斯世于致平，不外明德亲民之理，而使吾君尚尧舜，敢忘责难陈善之意。”

史籍记载：“廷敬雅嗜读书，擩哜经史。讲幄初开，首膺特简，日进讲弘德殿中，敷演详剀，析义在文句之外。”陈廷敬很幸运，遇到了康熙这般崇尚儒学，并且勤奋好学的君王。为了弥补扳倒鳌拜之前错过的学习时间，康熙将经筵设为每日进讲，又每天安排了两名起居注官，轮流陪在自己身边，以便自己的疑惑能够及时得到解答，陈廷敬也得到了更多学以致用的机会。

陈廷敬认为，经学之内容，只有用了，方显其作用。他说：“自汉唐儒者用于经学，以为立身致用之本，而道学即在其中。至宋，周、程大儒倡明绝学，而朱子继之集其成，折衷诸儒之说，发明先圣之道，授徒讲学，实为千里道学之宗，有功于天下后世。故元人修《宋史》，特为道学立传，不为无见。”陈廷敬希望康熙可将儒家学说视为“人君之极则”。康熙与他意见相同，于是说：“道学之士，必务躬行心得。”

只将知识记在头脑中，却不用在生活和工作中，知识就永远是死的。这样的知识很容易随着时间的流逝渐渐变淡，以至于明明学了那么久，脑中却只存有一星半点的碎片。即使不会忘记，并不时拿出来与人侃侃而谈，其作用也是微乎其微。时间在流逝，社会在变化，很多过去的知识和经验都已过时，若是不知变通，死抱着陈旧的知识不放，即使能够讲得头头是道，也不过是纸上谈兵，一攻即破。

生活中，任何领域都不接受纸上谈兵，因为纸上谈兵存在着非常严重的隐患，这种隐患会给人们的生活和工作带来极大的危险。《史记·廉颇蔺相如列传》中记载，战国时有一青年才俊赵括出身名门，其父是名列战国时期东方六国八名将之一的赵奢。赵括年少时便熟读兵书，对各种兵法了如指掌。在他看来，带兵打仗是件无比轻松的事，他的父亲见他如此，心里颇为担心。

赵奢虽然每次与儿子讨论兵法都会输，却始终不认为儿子适合为将。知子莫若父，赵奢明白，带兵打仗绝非儿戏，轻则有性命之忧，重则有亡国之罪。赵括虽然满腹兵书，而且嘴上功夫了得，可对战争太过轻视，若是有一天真的为将，一定会毁了整个军队。

廉颇卸任后，赵王派赵括继任大将军一职，赵括欣然接受。上任后，他将军队的纪律和规定全部更改，并根据自己的主意对军官的任用作了很大的调整。赵王赏赐给他的财宝，他全部带回家中收藏，并不断扩充自己的家产，秦将白起听说是这样一位年轻人当了将军，于是略施计谋，便让赵括上了当。

赵括见秦军节节败退，落荒而逃，不疑有诈，于是掉以轻心，反被秦军断了粮草。赵括与兵士们苦撑了四十多天，实在撑不下去了，便带着一批精锐部队强行突破。上战场后没多久，赵括便被秦军射杀，最后赵军大败，几十万兵士见主将已死，便集体投降了秦军，可最后也没逃得了被活埋的厄运。

赵括的失败在于他只懂得纸上谈兵，不懂得将学到的东西活学活用。虽然他所学到的兵法都是历代名将们总结出的经验，可那些经验毕竟不是万能的，需要天时地利人和才能发挥出它们的功效。何况历史上，哪位大将不是由一名兵士做起，久经沙场之后才能统率一方，才能总结出宝贵的经验。赵括只是读了些兵书，不曾有一点实战经验，便认为自己天下无敌，可率兵得胜，必然会失败。

学医者在成为正式医生前，必须经历无数次的临床实习。对于外科医生来说，实践尤为重要。一位外科医生如果只懂做理论研究，却从来不参与手术，即使他能将各种医学术语运用得炉火纯青，能写出上万字关于手术的学术论文，也永远成不了一名出色的外科医生。

现在的大学为学生设置了许多实践课和实习期，为的就是让学生能够将学到的知识在适当的地方应用，并在应用中加深对知识的理解和掌握，发现现有知识中的不足之处，查缺补漏，并从实践中总结出新的经验。

几乎每个人在刚刚开始实习时，心中都会有些得意，特别是那些曾在校内实践中取得过优秀成绩的学生，更容易对社会实践不以为然。然而当他们真正走进社会，才会发现这是一个新的世界，与他们之前在校园中的实践完全不同。校园中的实习侧重于模拟，学生可以教科书为参考，假设一些情景，并制订相应的解决方案。而在社会中，教科书式的处理是行不通的，社会就是一本新的教科书，每个人都可能面临许多意想不到的问题。

以师范专业的学生为例，在学校里，无论试讲的内容是中小学课程，还是幼儿园课程，面前的“学生”都是自己的老师和同班同学，所处的课堂也只是一种虚拟的课堂氛围。而当他们真正去外面的学校实习，真正接触到与课程内容相应的学生，才能够真正明白每一个环节应该如何设计，每一个知识点应该如何表达。只有经历足够多的突发事件后，才能在之后的授课过程中游刃有余，让所有意外情况都能迎刃而解。

实践是检验真理的唯一标准。陈廷敬在为康熙讲经的时候也对经学有了更深刻的领悟。特别是当他回应解答康熙的提问时，对自己之前不曾注意到的一些内容产生了关注，对自己已经掌握的知识有了更多的理解。

陈廷敬在整理《日讲四书解义》时读到了《孟子》的“滕文公问为国”一章，对此他这样理解：“此一章书是孟子言民事乃国之根本，宜法古井田之制以为养民之善经也。……孟子曰，国以民为本，民以食为天……田耕之事乃国家之本计所关，不可视为缓图而不为之经理区画也。”

在初学儒家思想时，陈廷敬就意识到应以民为本，而当时他未获官职，虽清楚民间疾苦，希望能够振兴农业，让百姓得以安居，但因为他自己也只是一普通百姓，虽然家境比常人优越，却至多可凭一家之力暂时改善当地百姓的生活状况，学父辈们开仓放粮，给百姓提供种子等，不能从根本上解决百姓生活中的困难。

为官后，陈廷敬的身份发生了变化，能相伴于皇帝身边，这才有了将自己的想法付诸现实的机会。在对康熙进行经学教学的同时，他将自己亲眼所见的一些现象讲给康熙听，并劝康熙要为百姓做实事。他曾说："《诗经·豳风·七月》之篇有云：田家勤苦，常无暇日。昼也则取覆屋之茅；宵也则制绳索之具，急升屋而治之。来春则始事南亩，播厥百谷，无暇治屋矣。可见小民终岁勤动，无一时不念及于稼穑，如此，人君可不以百姓之心为心乎？"康熙听过，点头以为然。

康熙十分赞同陈廷敬的建议，于是兴修水利，鼓励耕种，使得百姓的生活越来越好，越来越安定。陈廷敬参与了其中许多政策的制定和实施，即使没有直接参与实施，也极力支持和响应。从他和康熙之间的关系以及他对康熙的影响中可以推断出，康熙在位期间所推行的各项仁政都与他有密切关系。也可以说，康熙所推行的许多仁政也是陈廷敬学以致用的体现。

将所学之事回馈于为学，可谓学以致用的另一种体现。陈廷敬的学以致用同样在治学领域中有所体现。他向康熙点明了当时科举制度中存在的种种弊病，指出："古人读书，直是要将圣贤说话，实体于身心；今之读书，取科名之具而已。书虽读，而道益不明、不行矣。"又说，"科举与为学，截然二事，今人直以科举为学，岂不大错？"

陈廷敬认为造成学子"以科举为学"的主要原因是官场风气污浊，贪官丛生，给学子们造成了一种科举高中便能当官发财的不良影响。在陈廷敬的建议下，康熙整顿了朝中风气，又从科举考官身上入手，严惩舞弊之人，净化了考场风气，学生们的态度也端正了许多。

学以致用，方能有益于学，有益于己，有益于社会。实践才能使人熟能生巧，所以无论学习什么，都应边学边用，活学活用，才能不枉费付出的辛苦。

取其精华，去其糟粕

笔者问曰：在学习中遇到不同的派别应如何选择？

陈廷敬答曰：客观视之，取其精华，去其糟粕。

陈廷敬在文学方面也有着过人之处。作为诗人，陈廷敬所作之诗大多收录于《参野诗选》《八家诗选》中的《说岩诗选》，以及《北镇集》。此外，他还有《御览诗集》《丁丑诗卷》《杜律诗话》等诗词评论鉴赏类文集。

康熙三十六年（1690年），陈廷敬编成了《尊闻堂集》，这是他的第一部选集，其中收录了他所做的大部分诗篇。此集后收录于《午亭文编》中。若说陈廷敬的第一本诗集，应属《参野诗选》。庶常馆散馆第二年，陈廷敬“以病请假回籍”，后在家中休养了三年。此三年里，他创作了古近体诗约百首，并出版了这部诗集，所收录的诗为编年诗，共五卷，约为康熙元年刻印而成。康熙四十一年（1702年），陈廷敬编成《午亭集》。康熙四十七年（1708年），他的学生林佶将他的诗文整理，命名为《午亭文编》出版，此集中收录了陈廷敬一生之中所做的大部分诗篇。

清朝早期的诗坛中包含“宗唐”和“宗宋”两派：宗唐一派诗承杜甫、李白等唐朝诗人，以吴伟业、王夫之、王士祯、顾炎武等人为代表，其诗歌中体现了诗人抨击政治黑暗，关心百姓疾苦，爱国忧民等社会思想；宗宋一派则诗承苏轼、欧阳修等宋朝词人，以叶燮、宋荦、黄宗羲、查慎行等人为代表，其诗歌中更多体现的是义理、事理、情理等哲学思想。

明朝时，两个诗派之间充满门户成见，互相轻视，扬己抑彼，直至清初，这些诗派之间仍然矛盾重重。然而，无论哪一边的风头更强，陈廷敬都没有盲从任何一派。他从客观的角度去看待两个诗派，取其各自的精华，弃其各自的糟粕，最后将两个诗派中最精辟之物摘出，用于自己的诗词创作中，是以他的诗中既有唐诗的纪实，又有宋诗的抒理。

陈廷敬所作的一些近体诗格律严谨，语言凝练，字里行间颇有唐诗的风范，而他的古体诗中又流露出一些倾宋的风格。是以后人虽在许多典籍之中都提及过陈廷敬的诗学造诣，但对其诗学的渊源却看法不一,一部分人认为他诗承唐朝杜甫，另一部分人则认为他诗承宋朝苏轼。事实上，陈廷敬的诗却是两派兼有，他自己就曾在《生日》诗中写道:“拘束正教如杜老，龙钟犹未似东坡。”除此之外，他的古体诗中还伴随了唐朝韩愈之文风。

陈廷敬对苏轼怀有极高的崇敬之情，他曾为苏轼的诗集作诗一首，起名为《题东坡先生集》。诗中写道:“苏公天上人，万丈银河垂。举手扪星辰，足踏龙与螭。旋斡周四运，浩气森淋漓。感心生直亮，体道忘艰危。圣删三千篇，劫火烧其遗。真宰固有意，风雅将在兹。斯文配天命，在化需人为。”

在《东山亭子放歌》中，陈廷敬用“山亭横绝浮云翠，阑干缥缈临无地”来描写山间景象，显得大气豪放却又有些悲凉，很有杜诗的风范。其中那句“君不见，谢公高卧东山时，起为苍生已白首”，读起来又颇有李白《将进酒》中“君不见，高堂明镜悲白发，朝如青丝暮成雪”的沧桑。

陈廷敬对苏轼的崇敬一部分来自于苏轼惊为天人的文学造诣，一部分来自于苏轼光明正直的人品，还有一部分来自于苏轼心系百姓的抱负，这一点与他一直推崇的“以民为本”刚好相符。对杜甫的崇敬，一部分是由于杜甫的为人正直坦荡，另一部分则在于杜甫的满腔爱国之情。

在《追悼王西樵吏部兼怀阮亭》中，陈廷敬的“风来关塞远，月落梦魂长”在形式上效仿了杜甫所作《梦李白二首》中的“故人入我梦，明我长相忆”。他还喜欢效仿杜甫诗中那种充满时间和空间意象的手法，所以写出了“砥柱三山皆拱北，太行千里尽回东”和“日月还高下，蛟龙自吐吞”这样的诗句。

除了杜甫和苏轼，陈廷敬的诗歌中也有不少承于其他诗人和文人，晚年的陈廷敬的诗中时常出现陶潜、谢灵运、白居易、贾岛等人的风格，是以人们在读他的诗时，时常会有一种熟悉感。例如在《夜未中而觉起坐摊书达晓》中，他的“只缘白首林间去，便觉青山户外横”两句中既透出些陶潜的颖脱不羁，简单自然，又透出些谢灵运山水诗的清新；在《九日夜宿板桥》中，他的“山鬼残灯梦，邻鸡月落闻”又让人们看到白居易诗的那种写实性。

邓之诚在提及陈廷敬时，说他“诗名不及士祯，而工力深厚似过之；文摹欧曾，一变其乡傅山、毕振姬西北之习，同时达官无能及之者。……久值南书房，领修官书，始终恩礼不衰，同时达官亦无能及之者。”

在当时，清朝文坛有“南朱北王”两大宗，“南朱”指的是著名词人朱彝尊，“北王”指的是杰出诗人王士祯，世人称其二位为文坛盟主。能被人尊称为文坛盟主之一，王士祯的诗学才能自然无须质疑。他 23 岁时便在济南大明湖上举办过一场诗会，并在此会上作了四首广被传诵的《秋柳诗》，因此名扬天下。康熙十分赏识王士祯的诗学才华，并给予此人很高的评价，称其“诗文兼优”“博学善诗文”。王士祯在诗坛中的地位不断高升，

王士祯一生作诗四千余首，早期的诗文特点内容上清新蕴藉，形式上刻画工整，直到中期才渐渐转清淡苍劲。在诗歌技巧方面，王士祯集先人“神韵说”之大成，将此学说发扬光大，指出诗歌应体现出一种清简淡雅的意境，能够让人们的心中产生一种带有节奏感的心灵的流动。

陈廷敬认为，诗歌应以政治教化为主，让人在读过之后能够从中学到些道理，增加一些思想，而不应该过于注重形式。所以他在作诗时仍我行我素，将孔孟的礼乐文化融入诗词之中，并以诗歌的形式向人们传递先圣的爱民之道。

陈廷敬在刚入京不久便与王士祯相识。当时王士祯已是诗坛名人，陈廷敬却只是一名庶常馆的学生。庶常馆的生活忙碌却很单调，于是每逢空闲，陈廷敬便会与京城中的诗人们相聚，一起进行文学上的交流。

王士祯初识陈廷敬，便对其诗作大加赞赏。陈廷敬虽不赞同王士祯的主张，却也认同并欣赏王士祯才华，认为王士祯是继陶渊明、谢灵运之后又一精于雕琢诗歌之人。在《河间道中怀阮亭》中，陈廷敬将王士祯与陶渊明和谢灵运相提并论，写道：“陶谢吾生晚，斯文厄横流。非君展心目，千古谁冥搜？”王士祯起初虽在文坛有名，官位却不及陈廷敬，

于是陈廷敬正式入朝为官后，向康熙推荐了王士祯，使王士祯成为了他的同事。

陈廷敬与王士祯私交很好，曾为王士祯作诗数首。在《追悼王西樵吏部兼怀阮亭》一诗中，陈廷敬写道“海内谁知己，相思大小王”，此句中的“大小王”指的便是王士祯和他的哥哥王士禄。陈廷敬称他们兄弟二人为知己，可见他对王士祯确有倾慕之情。或许是因为有这样的感情存在，陈廷敬与王士祯虽起初各执己风，不推崇对方的诗文风格，但当他们渐渐年老后，所作之诗中却有了些相似之处。

在陈廷敬一生所作诗歌中，也有一部分属于扈从诗。扈从即随从。陈廷敬曾两次随康熙南巡阅河，并在此期间作诗三百余首，这些诗皆属于扈从诗。

康熙四十四年（1705 年），陈廷敬用一首题为《渡河》的诗简洁明了地赞颂了康熙治理河道、整顿漕运和平定三藩的事迹。其中的《日边》一词，即描绘出了他初渡黄河时见到的景象，也暗指他在康熙身边，很受康熙的信赖。“吴樯越榜连江汉，欲笑宣瓠房子歌”两句则是借汉武帝率人堵黄河不成反作诗哀悼一事反衬康熙的英明圣举。

写诗是陈廷敬闲暇时的爱好，相比于他对经学的研究，只占他生活中很小的一部分。不过即使作为爱好，他也付出了不少心血，投入了不少精力。凡事只有用心才能做好，无论天赋如何，都要加之后天的努力。陈廷敬一生诗作三千余篇，集百家之所长，扬其长，避其短，可见他在诗文上的用心付出。

无论哪一类的诗文，陈廷敬都发乎心，切乎情。他对诗文的态度是认真的，所作诗文中皆有主题，无一是游戏之作。他赋予每一首诗独特的生命力，这其中包括他的思想、感悟和情谊。他的独特见解让一首首诗文变得生动起来，也让更多的人认识到一个不一样的他。

为文当言之有物

笔者问曰：如何让自己的所学得到更好的发挥？

陈廷敬答曰：用心待之，并于可用之时用之。

人们喜欢将善于写文作诗的人称之为文人，从这一点来看，陈廷敬算得上一位文人。也有人将天性敏感，喜欢用优美文字抒发感情的人称之为文人，从这一点来看，陈廷敬又不算纯粹的文人。但无论如何去评判，有一点是肯定的，即陈廷敬确实在清朝文学界中有一席之地，他所作的“台阁体”诗、咏史诗、咏物诗等，都让他无愧于诗人这一头衔，而他所作的杂文、散文内容深刻，文体优雅，也让他不负文人之名。除此之外，经他手编撰成的各种文集，又让人们看到了他除了创作之外的才能。

“台阁体”最早出现于明朝永乐年间，由当时三位就职于内阁和翰林院的文臣开创。此类诗文多是用来应酬朝廷之作，所以多以“颂圣德，歌太平”为题材，脱离现实生活。这种文风虽在统治者的提倡下风靡一时，却由于其缺乏实际意义，所以持续时间并不长久，到明成化年间便被新的诗歌流派所代替了。

陈廷敬也作过一些歌颂朝廷和君王的诗歌，比如他的一些扈从诗就均属于“台阁体”，但这并不代表他也和明朝那些台阁大臣一般，为讨君王欢心而歌功颂德。他作这些诗的原因，一方面由于他身为朝臣，有此职责；另一方面则如他所说，自己只不过“盖遭际盛时，故其诗有雍容太平之象，古人所谓台阁文章者，盖若是矣！”

陈廷敬此言并非说辞，从他的人格和一直以来的处事原则上便可知他不是那种喜欢逢迎君王之臣。而且根据史料的记载，康熙当时确实创下了很多政绩，陈廷敬所作之诗的内容非虚。何况在陈廷敬的诗作中，也不乏一些描写社会现象和民间疾苦的作品，所以说他只会写“台阁体”自然是不恰当的。

在《岁暮杂感二首》中，陈廷敬对当时的军情进行了分析，指出“云山万里一雕鞍，急羽应须起谢安”。谢安是东晋著名的政治家，曾在淝水之战中指挥军队大破前秦军队，打了一场著名的以少胜多的战役，被后人称为东晋的“中流砥柱”。陈廷敬在诗中提到他，为的是说明当时的军情已危急到了迫在眉睫的地步。为了加强语气，陈廷敬在诗的第二联首句又用了“紫极青霄怅远天”，再次强调了军情的紧急。

在《桑林午食二首》中，陈廷敬用“千岩万壑人踪在，正是皇朝赐复恩”来表达自己复杂的心情。当时正值清初，战乱时有发生，虽本意是平定民间叛乱，使社会安定，可战争本身就是一件扰乱百姓生活的事，所以平定叛乱一事究竟是福是祸，是皇帝对世间的恩赐还是一场新的灾难，他也无法一言蔽之。

类似上述两首诗的还有《首山》《长水道中重题沧波亭怀宋牧仲中丞》《问蝗行》《闻笛》等。在这些诗中，陈廷敬均表达了自己对社会的关注，对朝廷要务的关注，以及对皇帝的进谏，可见他为人正直，关心时事，心忧天下。

陈廷敬为人严谨，处事严肃，不喜应酬，却并非无情冷漠之人，这一点从他所作那些抒情诗中便可看出。虽然言行举止总是透着一种平静和淡定，少有感情上的波动，但陈廷敬的心中一直装着对同僚、朋友、亲人和家乡真挚的感情。

在陈廷敬写给同僚的诗中，最著名的一篇莫过于张贞生去世之后他为其所作的悼诗。张贞生，字篑山，庐陵人。《清史稿》中记载，此人于顺治十五年考中进士，任官翰林院侍讲学士，后因“时议遣大臣巡察，贞生上书谏。召对，所言又过戆。下考功议，革职为民，蒙恩镌二级去官。”

陈廷敬十分欣赏此人的正直不阿，于是与其成为好友。张贞生被贬返乡之时，其身边人都对其避而不及，陈廷敬却不畏牵连，作诗《送张篑山归庐陵》和《张篑山学士以言事左迁归里赋赠二首》送与他。张贞生回乡后，陈廷敬也没与他断了联系。得知张贞生回乡后郁结难抒，身体欠佳，陈廷敬一直为其忧心，盼好友早日康复。

四年后，得知康熙下旨将张贞生召回朝中，为他官复原职后，陈廷敬心中稍喜，却不想张贞生刚抵京城不久便病逝。陈廷敬心痛不已，便写下了这篇《哭张幹臣学士三十六韵》，对其一生做了高度评价，并表达了自己的惋惜和痛心之情。

在诗的开头处，陈廷敬用“零落”“凋”“垂丧”来表达了自己心中的悲痛。在诗的主要部分，陈廷敬简单明了地讲述了张贞生一生的清廉和贤能，表达了对其的赞赏之情。在结尾处，陈廷敬借范式与张邵情深似海的典故，用“哀挽交期罢，千秋有范张”来表达自己对张贞生不变的情谊。

言事明志诗让人们看到了一个心系天下黎民百姓，关心时事，忠于朝廷的陈廷敬，抒情诗又让人们看到了一个更加真实、更加富有人情味的陈廷敬，除了对人有情，对景也有情。

陈廷敬的写景诗包含三种景色：奉使出关祭告北镇途中所见之景是为其一，两次陪同康熙出巡路上所见之景是为其二，家乡之景是为其三。三种景色各不相同，其一气势雄壮，其二风光秀丽，其三亲切朴实。

北镇位于今辽宁省西部，始建于先秦。由于其位于山海关外之要冲，于是注定成为兵家必争之地。唐、宋、元、明、清皆在此处建州设府。康熙三年（1664 年），康熙皇帝在此设立广宁府，统宁远州、锦县、广宁县。

山海关老龙头长城上有一城楼，名为澄海楼，此楼始建于明末，前身为明初年修建的“观海亭”。澄海楼背山面海，站在楼上，既可欣赏到海天一色的宏伟壮丽，又可不被海潮拍打海岸的声音所扰，是其一大特色。陈廷敬前往北镇时，也曾登上此楼眺望。在楼上，他看到蜿蜒的燕山如游龙一般飞舞，看到广阔无边的大海上风云变幻，心中感触颇深，于是写下了《澄海楼观海》一诗。

在《澄海楼观海》一诗中，陈廷敬将北方海景的壮观描写得十分生动，给人一种身临其境的感觉，仿佛自己正站在澄海楼之上，看到连绵起伏的燕山和波涛汹涌的大海，感受着宇宙苍穹的伟大。在诗的最后，陈廷敬以景言志，写道：“愿得一食青琅玕，乘风破浪生羽翰。我来手拍洪崖岸，仰天大笑忘愁叹。”以此表达自己希望能够早日完成任务的心情。这样的写法在他《赴北镇发京作三首》中也有所体现，此为陈廷敬写景诗的一个特色，即将情景交融在一起，透过对景色的描写，反映自己内心的壮志豪情。

不同的环境会影响诗人的心境，也会影响诗的风格。在北方，陈廷敬看到的是苍茫的大海，感受到的是壮志豪迈；在南方，陈廷敬看到的是则是青山绿水，感受到的是心旷神怡。

江南的风景最大的特点就是温婉秀丽。微波浮动的水面，清新湿润的青苔，随风轻摆的垂柳，悠然自得的鸳鸯，寂静清幽的山谷间不时有温厚的钟声回荡，清波泛起的江面上飘动着笛声悠扬。这一切景色都映在了陈廷敬的眼中，印在了他的心里，被他作成了一首首动人的诗。

陈廷敬一生走过不少地方，也看到过各种美景。然而无论外面的风景有多美，在他心中，最美的还是故乡。在他所作歌颂故乡景色的诗中，人们不但能够感受到风景之美，还能感受到他对家乡之爱。那种爱和他对其他风景的爱全然不同，是一种更真切，更平实，更丰满的爱。

在《太行四首》中，陈廷敬将故乡的太行山的气势描写得淋漓尽致，让人从字里行间看到了太行的山川秀美。在《洞阳山》一诗中，他也用精心雕琢的字眼，写出了洞阳山“蜿蜿腹背故隆起，振鳞掉尾如雷奔”的生动景象。

陈廷敬的故乡虽然只是座小县城，但在他心里，这里是最让他舍不得离开的地方。为母守丧期满离家前，陈廷敬难解满心不舍情，便作了《屯留道中二首》，表达自己对故乡的喜爱和依恋之情。身在异乡时，陈廷敬还作过《太原夜梦故园》《并州剪刀》等思乡之诗。

在《并州剪刀》中，陈廷敬写道：“霜淬凤搏出冶豪，雪花照地捷吹毛。乡心如水知难断，嗟尔并州快剪刀。”在此诗中，他借物言情，并州剪刀虽快，却无法剪断细长的流水，一如不能剪断他满心的思乡之情。

思念家乡，也思念家中的亲人，然而人在朝中身不由己，只能“远游思弟妹，薄禄谢交亲”。忙碌不可避免，但对儿子的教育也不可轻视。得知次子豫朋升迁后，陈廷敬立刻用“敝裘羸马霜天路，赖汝清名到处传”来提醒儿子，虽然官位高了，但切记要坚守清廉之品性，将陈家的家风保持下去。

文品即人品，从他所作的诗篇中，人们能够更加清楚地了解到他品行高尚、重情重义、忠于国家。

结合实际，为学不辍

笔者问曰：如何让自己在多方面有所发展。

陈廷敬答曰：举一反三，融汇贯通，可丰富其所学。

除了诗文，陈廷敬在文学方面的造诣还有很多，比如杂文、政论文、记叙文等。陈廷敬的杂文包括一些对历史人物和事件的点评，政论文多以奏疏等形式呈给皇帝，记叙文包括收录在《尊闻堂集》中的《汉高帝得天下之正论》、收录在《午亭文编》中的《汉高帝知吕氏之祸乱论》等。

陈廷敬从历史典籍中总结出“三代以上之帝王，其名最著于世者，无过尧舜禹汤文武，使人君者好尧舜禹汤文武之名，求尧舜禹汤文武之实，因而以成其名，安见名之遂不好！”又说：“帝王以天下为家，一言之微，有前后左右之窃听；一行之细，为子孙臣庶之隐忧，是以圣帝明王必慎乎此。”

陈廷敬在《杂著·困学绪言若干则》中写道："君子以身言，小人以舌言。故欲知其人，观其行而已，言未可信也。""若一向辟缁黄，斥异学，虽其议论明快俊真，而不问其实践力行，自得乎已者何在？则亦徒托之空言而已矣。"

在陈廷敬的学术著作中，《杜律诗话》算是比较特别的一本。陈廷敬创其初衷是为了让儿子能够更好地理解和学习杜甫的诗，所以在进行编写的过程中，他花费了大量心思，注重新意，将每一篇诗分析透彻，并旁征博引，丰富自己对诗的理解。

在对一些诗进行诠释时，陈廷敬运用了同理心。同理心属于心理学范畴，是指将自己设身处地，站在作者的立场和角度去思想，以产生与作者相同的情感和情绪，即人们常说的换位思考。

陈廷敬在分析杜甫诗时，首先将自己代入杜甫所处的时代和环境，结合当时的历史背景、人物心理和事情始末，进而通过已有的种种诠释方法对杜甫真正想要表达和传递的信息进行系统分析，是以出自他手的《杜律诗话》不但具有文学价值，同样具有研究价值。

在陈廷敬的学术著作中，最多的还是关于经学研究方面的文章和文集。主要有：《三正说》《春秋始隐公论》《书钱氏春秋论后》《古今易说》《春秋齐桓文说》《春秋因事约文说》《春秋为史法说》《经解》《岁终讲义循例题明疏》《经学家法论》等。

在表明自己的经学观时，陈廷敬说："愚按朱子此议，欲治经者以注疏为主，而兼取诸家之说，以求其至是，亦未欲其专取一家之言也。……今之学者不然，《易》则专取本义，《诗》则集传，《书》则……盖不惟诸家之说，概不列于学宫，而举朱子所云专以为主之注疏，学者有终其身不知为何物者矣。即如所谓《大全》者，又非甚别于专家之说，而有独见之论意辨晰，以求其至是者，亦大异矣。”

陈廷敬认为，《大全》一书所包含的内容不错，但若试图只以兴修“大全”之名而兴经学，却是不可行之举。他认为，学习经学在于精细，不可急于求成。义疏固然有益于后人学习和理解经学，但学者们不应为了成书而疏注，而是应抱着严肃的态度，以研究为基础，进而编写疏注。

陈廷敬认为“盖经学之弊，原于时文。昔者经义之兴，本以论断为体，不执一说；引据经传，非如后之描画声口，簧鼓吻唇，乳儿小生，侮圣言而代为之词势，不得不单富士康一家之训诂，以便行文。而其腐朽恶烂，不逾时历岁。改头换面，以趋新巧，使学者穷年积月，从事于无用之空言，考其实，枵然无所得也，又何有于经学哉！”

陈廷敬直言抨击了当时社会中存在的关于经学研究的误区，提出经学研究是件严肃的事情，不可盲目信从已有言论，即使是著名学者之言论，也当用心推敲，确定其言是否正确。他希望研究经学之人可多参照一些已有的学说，对比之后再做决定。他还希望人们要“革时文之敝”，以免败坏学风。

陈廷敬之父陈昌期特别爱好经学研究，“为学以穷经为亟，深于《易》《礼经》，尤好程子《易传》。尝言《曲礼》上下篇当仿《学》《庸》，列《四子书》中。”陈廷敬会对经学有如此浓厚的兴趣，并极荐康熙以经学治世，自是受了他父亲的影响。

为康熙讲经时，陈廷敬喜欢着重强调经学的应用。于他而言，学好经学可治乱世，也可辅盛世。在任经筵讲官的日子里，陈廷敬每日与康熙探讨经学，在此过程中二人均受其益。为了更好地回顾探讨的知识，也为供后人参考，陈廷敬将康熙与自己就经学内容展开的对话整理成册，编成了《讲筵奏对录》和《日讲四书解义》。这两本著述可称得上陈廷敬多年来担任讲官所用的讲义，其中记载了许多他的精辟观点和独到的论述。

陈廷敬在为康熙讲解《易经》时曾提到："窃惟体乾德之运行，学惟时敏；成圣功于岁月，理本日新。盖百王之治虽殊，道实同于师古，而六经之文具在，用之足以宜民，必积累之崇深，乃化裁于久大。"

在与康熙谈论治世之道时，陈廷敬指出，"举天下之大事在于得天下之民心。而所以得民心之道，惟在圣君贤臣朝夕讲求，以实心行实政，非一切权宜之计所可机也，如汉文帝之止辇受言、唐太宗之虚怀纳谏。所谓谏行言听，膏泽下于民，此爻之义也。"

关于"道统论"，陈廷敬认为："道统之传，常在上而不在下也。若有其德，而无其位，则不得君师之位，以行其政教之实。故自孔子以来，道统之传，常在于下，揆之天降生民之间，岂适如此哉！肯夫天道贞观，无往不得。故知今日者，道统之传，果在上而不在下矣。"

康熙读过陈廷敬与喇沙里、张英共同进讲的《通鉴纲目》后说："卿等进进启导，一一悉备，皆内圣外王修齐治平之道。朕虽不敏，罔不孜孜询之。每讲之时，必专意以听。但学问无穷，不在徒言，要惟当躬行实践，方有益于所学。"

陈廷敬任起居注官和经筵讲师多年，类似言论数不用数。

他将自己的议论和从其他讲官口中听到的内容都记录在他的《讲筵奏对录》和《日讲四书解义》这两本集中，整理时又在他人的议论上加上自己的理解和分析，以供后人学习，令在他之后的经学研究者和君王受益良多。

陈廷敬一生“雅嗜读书，擩哜经史”，入值南书房后，时常被康熙派以修撰各种古书的任务。陈廷敬参与编纂了《世祖章皇帝实录》《太宗文皇帝实录》《皇舆表》《明史》《三朝圣训》等史书。

编纂《康熙字典》时，陈廷敬已年过七旬。此事本应由他与张书玉共同负责，然而张书玉编书未成便病逝，陈廷敬只得一人承起重担，带领翰林院的学士们精心编纂。此时的陈廷敬已年老体衰，眼神不济又多病，早过了致仕的年龄，只因朝中除他之外再无他人才学足以担当此任，便接下了这一艰苦的工作。

《康熙字典》共十二集，收录汉字四万七千零三十五个，历时六年方编纂完毕。字典中采用了部首检字和笔画检字方法，部首共二百一十四个，每一个部首下又依笔画数排列若干汉字。每个汉字都注有反切注音、出处、及参考等，并且几乎所有汉字下都有例子。

《康熙字典》是第一部以皇帝命名，且第一次用“典”命名的字书。在当时，能以“典”字命名已说明其重要性，所以《康熙字典》成书后，立刻被视为当时最权威的字书，所有赶考学子皆以此书为圭臬。直到现在，《康熙字典》仍是人们学习汉语言文化的工具书之一，不仅中国人视之为权威，外国人也视其为权威。

陈廷敬为官一生，也治学一生，在这一点上，现在的人确实当以他为榜样，学习他那种学无止境的精神，以及他在求学的道路上学以致用的观念。他在学术上为世人留下的这些无价珍宝，值得人们永久珍惜。

哲学处世，方圆自得

铁干早经霜雪过，冰心应有化工知。

——陈廷敬

人活一世，能在身故后被所有人都称为好人的人寥寥无几。作为一名官员，想达到这一标准更是难上加难。官场深似海，陈廷敬不但做到了清白之名，最后还能被康熙称之为“完人”，实属不易。有人说，陈廷敬很幸运，天生聪慧，又遇到明君。殊不知，陈廷敬能得此清名，全凭他的处世哲学。

适当的忍耐可换平安

笔者问曰：被人冤枉应该如何面对？

陈廷敬答曰：虽心迹即此可白，而自处须适所宜。

人无百日好，花无百日红。在清朝，有太多官员此时风光，彼时潦倒，越是名气大的官员，越容易落马。有些官员风光时大摆排场，门庭若市，潦倒后却无人问津，门可罗雀。有的官员得势时权倾朝野，失势时兔死狗烹，每个人都恨不得在他头上多踩一脚。陈廷敬的人生几乎没有大起大落，唯一的那一次，事实上与他并没有直接关系，他只是受到了牵连而已。

陈廷敬不结党派，却也没有刻意与朝中官员拉开距离。在二女儿到了适嫁之龄时，他便将女儿许配给了同僚张汧之子。

张汧，山西高平人，顺治三年（1646年）进士，并被选为翰林院庶吉士。能入庶常馆之人才学都无须质疑，而能经过三年枯燥无趣的进修，最后进入仕途，也足以说明此人确是好学之人，意志也足够坚定。

《高平县志》中记载，张汧“少工书，有文誉”。光绪《蠡县志》中也有记载，称此人“博学宏词，伟度雄襟。以金马玉堂中人出任藩宣之寄，盘根错节，刃有余闲，啸月吟风，案无留牍，力挽强弓，射多中的”。可见他不但才思敏捷，文采出众，考虑周全，还是一位文武双全的人才。

散馆后，张汧先被任命为礼部主事、员外郎之职，之后调离京城，任江西督粮参议。而后，康熙见他为官出色，便将他升职，命他前往福建任布政使一职。《高平县志》中也记录他：“居官勤敏，善理繁剧，驭属吏严而有恩，友诸弟，俸廉不以毫发私。”可见，为官初期，张汧确实是一位能力很强，尽职尽责的清官，否则康熙也不会一再将他升职，给他更大的发展空间。

张汧与陈廷敬是同乡。同乡给人的感觉总是特别亲切，特别是身在异乡时，能够遇上同乡之人，这种亲切感就会更加深厚。巧的是，陈廷敬与张汧不但是同乡，还是同僚，而且两人都是从庶吉士升为讲官，经历也相似，缘分实在不浅。

在与张汧的接触中，陈廷敬对张汧的才华和人品都比较欣赏，但由于张汧“性格乖戾”，陈廷敬没能与他成为朋友。后来，陈廷敬与张汧各司其职，没有太多的往来，只是偶尔能够听闻对方的消息。平日里，两人交往不多，对于张汧的具体情况，陈廷敬不是十分了解，只知道对方是位清官，所以在为女儿选婿时，他才会放心地将自己的女儿嫁给张汧的儿子。

康熙二十年（1681年），湖广巡抚之位出现了空缺，急需新官上任。康熙考虑再三，决定让政绩斐然的张汧出任此职。其实，张汧早在任福建布政使时便已开始贪污，只是他隐藏得比较好，所以鲜有人知。任湖广巡抚之后，张汧一改以往的行事风格，大张旗鼓地贪污。除了对百姓进行搜刮外，张汧也没有放过当地的官员，所有在他手中有把柄的官员都遭到过他的敲诈。

得知荆南道祖泽深有贪污现象，张汧便打算在祖泽深身上狠敲一笔，开出了一万两白银的价码。张汧的算盘打得精，祖泽深的算盘打得也不差。得知张汧曾受过明珠的保举，祖泽深便以自己是明珠私党的身份为由，拒不付钱。当时明珠在朝中仍然身份显赫，无人可敌。张汧敲诈不成，心中难免嫉恨，于是将祖泽深贪污的事情上报给了康熙。

祖泽深也不甘示弱，供出张汧任福建布政使时大肆贪污，不但亏空库银，还将盐商们的大笔收入据为己有，所贪污的金额共九万两白银之多。九万两白银不是小数目，康熙闻之大怒，但也未立刻判决。为了确定此案是否属实，康熙派出色楞额前去调查。色楞额调查之后，发现张汧一事属实，可是他却顾及举荐过张汧的明珠，于是回禀康熙此事非实，只是祖泽深情急之下诬告张汧。

次年，山西道御史陈紫芝再以此事参劾张汧，说道："位任未久，黩货多端，凡所属地方盐引、钱局、船埠等，无不搜括，甚至汉口市肆招牌亦按数派钱，当日保举之人必有贿嘱情弊，请一并敕部议处。"刑部尚书张玉书、左都御史徐乾学、尚书科尔坤、佛伦等人也皆向康熙上奏，建议对张汧一干人等重罚。

康熙闻后说："似此贪恶，岂可一日姑容民上？科、道职司耳目，今陈此芝据实，甚为可嘉。"又说："张汧、章钦文贪劣之状，天下人共知，若不严加处分，贪官何所惩戒？色楞额等不从公审理，瞻徇情面，殊为可恶！若不一并议罪，恶人愈无忌惮矣！张汧情罪著直隶巡抚于成龙、山西巡抚马奇、副都御史凯音布驰驿速往，再行详审。"

于成龙被康熙称为"清官第一，天下第一廉吏"，他带着马奇和凯音布二人对此事彻查之后，证实陈紫芝所参张汧之事件件属实。张汧一案牵扯之人甚多，从上到下，各级官员皆有。康熙对所有直接涉案人员都进行了重判，张汧和祖泽深被判绞监候，色楞额因查处不实被判斩监候。其他未直接参与贪污案但涉及包庇罪的官员均被革职或降职，曾保举过张汧的官员也被革职。

张汧得知自己将被处绞邢，为求轻判，便称自己出任巡抚一职，是由高士奇、徐乾学和陈廷敬指使的，自己本无高升之心，是此三人一再督促，他才不得已而为之。至于自己遭弹劾前派人送往京城的银两，就是用于贿赂他们三人的。

张汧如此说，除了为自己开脱外，还有一个原因，就是想借康熙对陈廷敬的宠爱对自己轻判一些。世人都知道，康熙对陈廷敬极其信赖和尊重，若是将责任推给陈廷敬，康熙或许会顾念二人之间的情谊，对张汧也网开一面。而且，此时的陈廷敬刚刚被康熙升为吏部尚书，身份地位都不同往日，想必康熙也会对他多一些照顾。

此事一出，一些别有用心之人便开始动起了心思。这些人或曾被陈廷敬举报过，或曾因陈廷敬害得他们无法获私利而不满，一直想报复陈廷敬，可是却苦于没有机会，此时好不容易有这么一个千载良机，他们自然不肯放过，必须要落井下石才行。

都说患难见真情，人在遇到困难时，才能看出身边的人对自己究竟如何，才能看出身边人的真正人品。张汧“举报”陈廷敬之事刚一传出，兵部尚书张玉书便向康熙进言，称张汧曾给京城之内的亲戚送银，请其帮忙打点此事，应将此亲戚一并惩罚。而徐乾学为了抹掉自己的罪行，贿赂康熙身边的人，请他们向康熙进言，说张汧的银子只送给了陈廷敬和高士奇两人，与自己没有关系。

陈廷敬蒙受了不白之冤，自然感到痛心，但最让他痛心的不是被冤一事，而是自己曾经的同僚为保自身利益，给他安了莫须有的罪名，而且这个人还是自己的亲家张汧。他没想到张汧竟然是如此唯利是图、不择手段之人，早知如此，他一定不会将女儿许给张家。他也没想到同为讲官的徐乾学会在这种时候把所有罪名都推给他，他们平日素无恩怨，徐乾学如此为求自保而恶意诬陷的行为实在让他痛心。

对于陈廷敬的人品，康熙再清楚不过，所以他对于张汧所言之事并不相信，对陈廷敬也仍然是信任有加。可是张汧身为陈廷敬的亲家，与陈廷敬又交往很深，徐乾学也与陈廷敬关系很近，既然他们都如此说了，康熙也不能随便就下一道圣旨称陈廷敬无罪，否则其他官员必然要认为皇帝徇私。

陈廷敬知道康熙的难处，也知道此时自己若是申辩，不但不能让自己脱身，反而会招来更多的是非，于是他选择了沉默，只写下一篇《俯沥恳诚祈恩回籍以安愚分疏》呈予康熙，表明自己请辞之心，然后静静地等待此事的结果。

在《俯沥恳诚祈恩回籍以安愚分疏》中，陈廷敬首先表达了自己身份卑微，承蒙皇上厚爱，得任重职，受宠若惊之怀，然后阐述了自己的忠心。他说："臣自念无他才能报塞万一，惟早夜竞竞思自淬厉，不徇亲党，不阿友朋，上恐负圣主之殊恩，下欲全微臣之小节。乃至积有疑衅，飞语中伤，如前楚抚一案者。"

陈廷敬此言属实，自为官以来，他从未有过朋党，一直恪尽职守，小心谨慎，如今却被人如此中伤和诬告，而如此待他之人又是他视为亲友之人，对他而言，确是很重的伤害。陈廷敬满心委屈和酸楚，可是他却没有对任何人抱怨过，只是在写给皇帝的奏折里，用一种无奈的语气写下了"虽臣之心迹即此可白，而臣之自处须适所宜。惟当隐退田间，永衔恩于高厚"。

解职之后的陈廷敬回到南书房，安静处之。之后的三年里，陈廷敬一直安分守己，除奉旨修书外，便是在家中钻研学问，不曾交际，也不曾参与政事。许多人纳闷他为何不为自己申辩，不向康熙要求惩治诬陷他的人，其实，这正是陈廷敬的明智之举。在当时的那种情况下，他做得越多，说得越多，越强调自己所受的委屈，对自己、对康熙就越没有好处。所以，他忍了，用一时的忍保住了自己在康熙心中的地位，为他后来的复出做好了铺垫。

以退为进，步步为营

笔者问曰：身处逆境时应该怎么办？

陈廷敬答曰：迂叟当年思一笑，闲居洛下不休官。

人在生活中难免受到一些不公平的对待，有些是对方无意而为之，或是因为误会而为之，有些则是对方有心算计之后而为之。无论出于哪种原因，被不公平对待的人心里都难免受到一定的伤害。

辩解是人们与生俱来的一种能力。大多数人受到不公平对待后都会极力辩解，试图以此来证明自己的清白，然而这世上也存在许多善于诡辩之人，这些人即使自己真的犯了错，也能用各种说辞来为自己脱罪。久而久之，人们对辩解一事的态度便开始有了变化。

很多时候，咄咄逼人并不能为自己带来优势，反而会欲速则不达，最后让自己掉进别人的圈套里。而且，在一些场合之中，极力辩解不但不能洗清嫌疑，反而会让周围的人更加怀疑，认为心中有鬼。此时，最好的办法便是沉默不言，让事实来说话。

在张汧一案中，陈廷敬采取的方式便是不辩解。在外人看来，以陈廷敬当时的地位，以及康熙对他的信赖，他完全可以为自己申辩，与那些诬陷他、中伤他的人当堂对质，然后理直气壮地斥责他们无中生有。可是他没有。当张汧、徐乾学等人将污水泼到他身上时，他忍住了自己的心痛和委屈，宁愿辞去吏部尚书一职，退而归家，安心研学。

许多人对陈廷敬这一做法感到不理解，既然他是清白的，为何不为自己辩解，反而主动请辞，难道就不怕其他人误会他是别有内情，引咎辞职吗？其实对于陈廷敬而言，这方面倒是完全不需要担心。他的为人为官之道，明眼人早就看得一清二楚，康熙也是一样。何况他为人光明磊落，对得起自己的良心，至于其他人怎么看他，他并不在意。

陈廷敬虽然做人中庸，不主动与人结怨，可是他的公正执法和严治贪污也让他遭到了许多官员的怨恨，特别是那些想要贪污却又碍于陈廷敬的压力无法贪污的人，更加视陈廷敬为眼中钉。另外，陈廷敬不与任何一党亲近，也让两党之人都对他有些戒备，遇到机会，必然想让他吃点苦头。

有人认为康熙之所以不处置陈廷敬，是因为他不舍。然而，若是陈廷敬真有所述之罪状，康熙即便一时保他周全，日后对他的信任也会减少。康熙不是昏君，自然知道陈廷敬完全是被冤枉的，可君王也有君王的无奈，在事情没有查明之前，他不能明保陈廷敬。何况陈廷敬与张汧确有姻亲关系，若是凭自己的面子硬保，必然会招致朝中其他大臣的异议。此时康熙唯一能做的，就是将此案交给于成龙审理。于成龙严明执法，必然可以查清事情真相，还陈廷敬一个清白。

于成龙接旨后，康熙嘱咐于成龙："尔等往审此事，须就款鞫问，不可蔓延，若蔓延，则牵累多矣。倘有别事，尔等记来密奏。后伊等回时，可将张汧举首书札及口供密奏。不欲此事蔓延者，诚恐牵累众人。”从此段嘱咐中可以看出，康熙有意保陈廷敬，不希望他被此案所累，所以说“不可蔓延”“诚恐牵累众人”。

于成龙不负圣恩，仔细对相关人员进行审查，立刻查出了事情的真相。于是康熙立刻下旨，将涉案的一干人等判了死刑。至于其他情节较轻之人，本着“仁政”的原则，康熙只是夺了他们的官，或降了他们的职，没有做更多的处罚。

试想陈廷敬当初若是没有退让，依仗康熙对他的信赖，理直气壮地与那些人争辩，指出那些人只是以此为借口故意对他进行打压，结果又会如何？若是他真如此做，康熙必然会更加尴尬；而对于陈廷敬本人来说，虽然赢得了清白，却输掉了他与世无争、从容智慧的形象。陈廷敬知道自己处于劣势，于是他忍了，忍下常人所不能忍，只为有朝一日更好地反击。

有一句话叫做“与其临渊羡鱼，不如退而结网。”说的是人想要得到水里的鱼，与其站在水边想，不如回家结一张网，然后再来捕鱼。其深意在于教育人们不要只有愿望而不行动，在想要达成某种目的时，应该做的是专心提升自己的能力，而不是空想。这句话用来形容陈廷敬，虽不完全符合，到也有几分贴近。

此时的陈廷敬就采用了“退而结网”的策略。主动解任后，他行事更加小心谨慎，整日勤勉修书，缄口不论政事。他仍然会定期去南书房当值，但即使如此，也没有向康熙提及过一点与张汧案有关的话题。

关于张汧和徐乾学诬陷自己一事，陈廷敬只对李光地提起过。他说：“实在迫张汧做巡抚、要银子也是徐东海。后来银子不应手，教人参他又是徐东海，始终皆渠为之。”陈廷敬口中的徐东海就是徐乾学。

徐乾学曾与明珠结怨，后为对付明珠，便与索额图等人勾结，意图弹劾明珠，待自己羽翼丰满后，又自立门户与明珠抗衡，可见他与明珠之间的芥蒂之深。张汧受明珠举荐，也可算明珠的人。所以，后人依此推测徐乾学明知张汧腐败，却还督促他接受湖广巡抚一职，为的就是有朝一日借此人对明珠实施打击。否则，徐乾学没有理由在张汧刚刚东窗事发后，便向康熙提议重治张汧。

张汧以为徐乾学既然极力建议他去任湖广巡抚，见他有难，一定不会不帮，所以才会对徐乾学行贿，以求对方为自己说情。而徐乾学难得有这样一个机会将矛头指向明珠，必然不会放过。所以，陈廷敬所言徐乾学因“后来银子不应手”而教人参张汧，也有可能是徐乾学早就有此打算，借机在张汧有难时先收取贿赂，再将其置于死地。

无论徐乾学真正的意图如何，有一点是肯定的，即此事他是为了扳倒明珠而为之，属于党争之纠纷。陈廷敬没有为自己辩解，也是想远离明、索两党的党争，洁身自好。早在康熙问及张汧其人时，陈廷敬只说了句“张汧系臣同乡新戚，性行向来乖戾”，并未为其求情，也未对其火上浇油，可见他的人品。

张汧一案了结后，徐乾学、陈廷敬和高士奇三人看似都遭到了降职处理，其实不然。对于徐、高二人平日里的所作所为，康熙早就心里有数，只是见他们二人学问渊博，是可用之臣，便留他们在身边，命他们二人入值南书房，并且对他们犯的一些小错没有加以严惩。

对于陈廷敬，康熙的感情则有很大不同。在康熙心中，陈廷敬与高、徐二人虽都是才学出众之人，在品德上却要高出他们二人许多，所以他对陈廷敬的关爱自然更多。按照惯例，受罚之人不予以加封，可是就在陈廷敬闲居五个月后，康熙却将他封了二品官才能授封的资政大夫。

陈廷敬闲居近两年时，康熙又重新重用了他，任其为都察院左都御史，不出两月，再任其为经筵讲官。经筵讲官之职对官员的要求极高，康熙能够如此安排，已经说明了他对陈廷敬的关爱。其实还有一个原因，就是康熙知道陈廷敬在张汧一案中受了委屈，也欣赏他的隐忍，所以才会一有机会就立刻弥补他。据李光地说，陈廷敬当时只知闭门修书，“忧窘异常，上亦知之”。从另一个角度来看，陈廷敬此次受不白之冤后所做出的种种表现，反而让他更得君心。

反之，再看徐、高二人，不以为戒，继续扩张自己的势力，丰厚自己的党羽，不知收敛地收受贿赂，党争之事不断，令康熙越来越不满。徐乾学与高士奇曾一同弹劾过明珠，然而事后，两人之间渐渐出现间隙，矛盾也越来越激化。

徐乾学在南书房值班时以权威自居，所有制诰文章皆要经他审核和修改，否则便不得用，气焰嚣张之极。高士奇见不得徐乾学这般招摇，于是以此为由弹劾徐乾学。徐、高二人的恶行越来越多，内讧也越来越激烈，朝中大臣开始对他们进行弹劾。康熙也厌烦了他们的行径，于是令他们二人“休致回籍”。

大丈夫能屈能伸，以退为进是一种做人的智慧。当自己身陷困境时，若是硬闯无益，不如以退为进，步步为营。事情的真相早晚会水落石出，当真相大白的时候，大家自然会明白谁是真君子，谁是真小人。

找准时机，当机立断

笔者问曰：危害国家之人势力强大，要如何处置？

陈廷敬答曰：断然解去之，不使其为国家之患也。

陈廷敬的一生，除了因张汧一案受到牵累之外，几乎一直是一帆风顺的。从神童到青年才俊，虽然参加了两次乡试才中举人，但在和他同龄的众考生之中，他已是最出众的。之后，身为庶吉士的他提前被选中同考官。再后来，他先后被康熙任命为起居注官和经筵讲官，频繁出入南书房，名气也日渐高涨起来。

陈廷敬一生脚踏实地，他没有参与过任何党派，也从来没有刻意讨好过康熙，却能深受康熙的赏识和信赖，身份和地位也不断上升。面对身边不断变化的环境，陈廷敬的心却一直没有变，无论做人还是做事，他都一如既往地保持着低调，如一名普通百姓一样生活着。

陈廷敬的一举一动，一言一行，充分突显了他的的明智。在君王身边，太过招摇易招人嫉妒，更容易迷失自我，甚至招来杀身之祸。陈廷敬的低调和谨慎让许多想要报复他的人抓不到把柄，让一些原本就敬佩他的人对他更加敬佩。

陈廷敬在受人诬告时可以忍气吞声主动退职，在名利面前也从来不争不抢，任由其他人争得头破血流，可这并不代表陈廷敬是懦弱之人，会任由恶势力一天天壮大，他只是在等待一个最佳的时机。武林之中，最厉害的人往往从不主动出击，他只要安静地站在原地，便能将所有攻击一一化解，直到对方招数用尽，才给对方致命一击，使其再无还击之力。陈廷敬也是如此，一旦时机成熟，他定会当机立断，不给恶人喘息的机会。

陈廷敬的当机立断主要体现在弹劾明珠之事上。表面上看，明珠位高权重却为人谦和，康熙能得此良臣乃一大幸事，然而事实却并非如此。明珠为人老谋深算，否则就不会有他日后的权势，也不会有他自导自演的一场“谋逆”大戏了。

康熙初年，明珠还只是一名普通的侍卫，不出三年，由于其出色的表现被康熙升为内务府总管。康熙五年（1666 年），明珠升为弘文院学士，开始有机会参与国政。尔后，他多次提出有利于国家的建议，康熙对他十分赏识，称其“卿才能素著，持管丝纶重地，赞理机务，因卿夙稽典史，晓鬯古今责难陈善之理”。

明珠善于察言观色，知道如何收买人心，于是他身边的党羽越结越多。他知道康熙注重经学，便不失时机结交儒臣，与他们接近，以塑造自己好学的形象。在议撤三藩之事中，明珠深知康熙的心意，不顾索额图等人的反对，极力支持议撤三藩，并做出了很多努力。康熙将明珠的所作所为皆看在眼里，心生赞许之情。等到三藩之乱平息后，明珠已然成为康熙身边的重臣，地位非其他朝臣可比。

从古至今，世上总有一些喜欢趋炎附势之人，见到有权势的人便紧紧跟随，极力讨好，试图借其身份得到些好处，提升自己的地位。自从被康熙升为太子太师后，明珠就成为了权倾朝野、独揽朝纲的大臣。一些朝臣见明珠得势，纷纷向他示好，进行贿赂。陈廷敬一向不屑于结党之事，始终独善其身，没有刻意逢迎。

明珠表面看起来平易近人，实际却在暗自盘算，如何将这些人收为己用，扩大自己的势力。对于朝中新人，他总是表现得非常亲切，不论对方是满人还是汉人，一概对其施予关怀和帮助，令涉世未深的新进官员们大为感动。相比于当时为人张扬跋扈的索额图，他们自然更愿意与明珠为伍。至于那些亲近皇太子的官员，明珠则没了一点客气，对其进行了大肆清除。

对于有可能阻碍自己之人，明珠从不正面与对方发生冲突，而是通过暗地里的挑拨，让其他人去限制对方。为了进一步加强自己的支持者，明珠开始采用卖官的方式以增强自己在朝中的势力。此时，朝中众臣开始意识到明珠的真正用意，可是畏于明珠的权势，众人只敢怒而不敢言。陈廷敬早就看出了明珠的用意，然而他官位不及明珠，手中又无实据，他知道自己即使此时上奏康熙，也不会有什么结果。

康熙二十六年（1687 年），于成龙看不过明珠的所作所为，便私下禀告康熙，朝中官位已经被纳兰明珠和余国柱卖完了。康熙疑惑为何直到此时都没有人弹劾明珠，问到高士奇时，高士奇回答：“人谁不怕死？”康熙一直对明珠很信赖，却也知于成龙不会妄言，于是命亲信去秘密核实，最后证实了于成龙所言属实。康熙心生不满。

第二年，御使郭琇上书揭发了明珠结党营私和卖官之事，列举了明珠的一系列罪行，称：“明珠凡奉谕旨，或称其贤，则向彼云：由我力荐。或称其不善，则向彼云：上意不喜，吾当从容挽救。且任意增添，以市恩立威。……靳辅与明珠、余国杜交相固结，每年糜费河银，大半分肥，所提用河官，多出指授，是以极力庇护……”

康熙接到奏折后，有意除去明珠的势力，但想到明珠一直以来的功绩，又有些不忍。陈廷敬常在康熙身边，了解康熙的每一个心意，见到康熙有些动摇后，便采取了一种旁敲侧击的方式向康熙传达了应严惩明珠的建议。

一次讲经过程中，陈廷敬就《中庸》中孔子对于君子和小人的理解进行了讲解。在孔子看来，“君于中庸，小人反中庸。君子之中庸也，君子而时中。小人之中庸也，小人而无忌惮也”。他还对康熙说，“人臣尽忠事主，岂得以希荣干宠为心？人君以礼使臣，固必有报德酬功之典”，为人臣者若是“巧佞因邪”，“以同利为党”，“乘权籍势”或是“贪位因宠”，这样的人便是小人，会对国家有害，不宜留在朝中。

康熙听过之后，感到陈廷敬此讲别有深意，便让陈廷敬不妨直说，在他所识之人中谁是小人，可是陈廷敬没有直接回答。康熙见陈廷敬不肯说，心里也大概有了数，于是主动提起明珠，问陈廷敬如何看待明珠其人。陈廷敬在回答时称明珠为“明相国”，康熙听了颇感不悦。

相国是春秋战国时期的官名，相当于后来的宰相，主管百官。当时除楚国外，各国皆有相国。后来，相国成为了篡权夺位者的代名词。尔后这一称呼也渐渐演变成了丞相和宰相。到了清朝，人们常对内阁大学士或军机大臣尊称为宰相而非相国。陈廷敬私下称明珠为“明相国”，很明显是因为明珠权势过高，揽权过重，有损皇威之嫌。

见康熙大怒，陈廷敬知道时机已到，于是将明珠平日的罪行一一陈述给康熙，其中包括明珠卖官以谋私利，增其党羽；一手遮天，迫害意见不同的官员；私改奏折，掩盖事实真相等多项罪名。此时的康熙已再无留明珠之心，立刻同意了陈廷敬提出的弹劾明珠的建议。

陈廷敬见康熙有心处置明珠，又提出了将明珠同党一一罢免的建议。他认为，明珠的同党太多，他们视明珠为保护伞，必然会为了保全自己的荣华和性命而尽其全力维护明珠，对弹劾明珠一事进行诸多阻碍，只有先将这些人罢免，断了明珠的羽翼，削弱明珠的势力，弹劾明珠一事才可顺利实施。

康熙同意了陈廷敬的建议，开始清理明珠在朝中的党羽，之后罢免了明珠大学士之职。虽然后期因为明珠将功赎罪，恢复了他的职位，但在康熙心中，此人已不可信，自然也不可重用。于是，明珠的地位一落千丈，到他死去之时，都没有再得到康熙的重视。

在扳倒明珠的同时，陈廷敬还指出云南巡抚王继文也犯有重大贪污恶行，须立刻除之。陈廷敬列举了王继文的种种罪行，这些罪行都是他在长期的观察和调查过程中发现的，皆有实例可证。面对充分的证据，康熙也不犹豫，当机立断罢免了王继文的官职。

清朝的官场如战场，看似风平浪静，实则暗礁漩涡常有，一不小心就会被突起的风浪打入海底，无法翻身。在这样的官场之中，陈廷敬竟然能够一直安然处之，不得不令人佩服他的冷静和明智。

从陈廷敬的一生之中不难看出，他是一个非常有智慧的人，十分清楚自己什么事情可以做，什么事情不可以做，也十分清楚自己何时该做何事。身在朝中，所做的每一件事都必须慎之又慎，就如弹劾明珠一事，若不是经过深思熟虑，抓准时机，必然不会有如此成效。

想要成事，时机很重要。许多人都因为一时急躁，没有沉住气，最后功亏一篑。陈廷敬在时机未成熟时，能够沉下心，收住气，仔细观察，耐心等待，终于在最正确的时机给了明珠致命一击。由此可见，在做任何事、下任何决定之前，一定要先磨练自己的心性，看准时机，抓住它，才能成大事。

不以邀功博圣恩

笔者问曰：取得成就后如何让别人知道。

陈廷敬答曰：施人恩惠不当图报，尽其本职无须邀功。

明朝思想家洪应明说过一句话："处世不必邀功，无过便是功；与人不求感德，无怨便是德。"其主要意思是建议人们，在做事时，只要没有犯错就好，不需要到处炫耀；在与人交往时，只要对方没有抱怨你就好，不需要求对方对自己感恩戴德。

洪应明的这一理念与古人们常说的"施恩不图报"，以及现代社会中常赞扬的"做好事不留名"有相似之处。与人为善、助人为乐本是好事，是人们善心的体现。因为心存善念，才会在别人有难时，很自然地去帮助别人，救人于水火。也正因为如此，才被世人称为善举，大力推崇和赞扬。若是怀有一定的目的去做，好事的性质就发生了变化。

施恩不图报是一种良好自然的心态。在生活中，主要体现在与人交往时以诚相待，乐善好施，不求感恩；在工作时则体现在踏实肯干，无论做了多少事，都不向上级炫耀以求领赏。

从陈廷敬祖先的行为中可以看出，施恩不图报是陈家人历来的风格：陈三乐喜好周济有难之人，却是帮过便罢，从不对外人提；陈修“轻财好施”，邻人家中有难，必施援手，向他借钱者如到期仍无力偿还，他便撕毁借据，不再提起此事。

明崇祯四年（1631 年），陈廷敬的父亲陈昌期、伯父陈昌言、叔父陈昌齐所居之地“僻处隅典，户不满百，离城稍远，无险可恃，无人可守”，为了阻挡即将到来的起义军的攻打，三人决定建一高楼，以御来犯。楼从开始到建成，一直由陈家人操持，然而当起义军攻来之日，看到附近的百姓向他们求助庇护，他们没有犹豫便开门让百姓们入楼躲避。

楼未建成前，陈家便收容了八百多名百姓，等建好后，起义军一次又一次攻打，楼内收容的人数也不断增加。虽然楼中有井，能够保证避难百姓们的日常需要，可是楼内空间毕竟有限，粮食等物无法多存，于是，陈家人有了建一座城堡的打算。为建城堡，陈昌言努力说服其他同宗族人，又耗费了大量钱财，城堡终于建成。

城堡是陈家凭一家之力所建，帮助的人却不止陈家数十口。那段日子里，在陈家城堡中躲避战乱的百姓，累积起来可达上万人。百姓对陈家感激涕零，可是陈家人却并不因此认为自己对百姓有恩。偶有不念他们恩情的人，他们也不会因感到不平而抱怨。

康熙二十七年（1688 年），陈昌期为解当地百姓灾荒之困，“尽弃先世所积粟累数十万石”，当地大批百姓都是依靠着他赠予的粮食活了下来。之后，陈昌期又“计捐金钱数十万”，以支持当地百姓生活，令百姓们感动万分。为表感激之情，百姓们一起求官府向朝廷上奏，给予陈昌期嘉奖。当地巡抚听了百姓们的陈述后，也觉得此事乃大善举，应该上奏，遂同意。

陈昌期得知此事后立刻请巡抚不要上奏，然而为时已晚，巡抚早将此事上报给了礼部，并劝他此乃民意，请他安心接受。陈昌期仍然不允，立刻派人赶去京城，请陈廷敬出面阻止。陈廷敬接到父命后立刻找到礼部，将事情的经过说了一遍。最后礼部感慨，既然是长者的意思，那便不报了吧。于是没有将此事上奏给皇帝。

陈昌期以助人为乐，即使身患重病，仍不忘接济百姓，甚至愿意倾其家财以济世人。百姓视他为再生父母，集体请愿为他建生祠，时时拜祭，以表感激之情，陈昌期仍是不许。待到陈昌期去世，陈廷敬与兄弟们为遵父所愿，不累及乡人，便将祠堂建于所居东山之麓。

陈廷敬延续了父亲和大伯的品质、性格，为人，与人为善，造福百姓却不图回报；为官，清廉克己，为国效命却从不邀功。陈廷敬一生为康熙、为国家付出了多少心血，做出了多少贡献，或许连他自己都不清楚。对于自己所做过的好事，他从不对人炫耀，也不会将它们记在本子上，以便日后可以此为凭据，向康熙要求赏赐。对于他而言，好事做过便罢，不需要时刻记住，真正值得记住的是那些曾做错的事，他需要从中反省，以免再错。

陪在康熙身边数十年，陈廷敬被康熙视为良师益友，国之忠臣。康熙每当遇到困难，需要有人指点迷津时，都会想到陈廷敬，主动与他商量，陈廷敬也总是能给出深得圣心的建议。可以说，他在康熙的人生道路上起着指明灯的作用。然而，他也没有因为康熙信赖自己、器重自己，便以一副居高临下的架势看待身边的人。他帮助康熙，为的不是提高自己的身份和地位，而是为国家、为百姓辅佐一位明君，从面使国泰民安、社会发展。

将陈廷敬与明珠比较，可以很容易看出二人在做人方面最大的区别。陈廷敬平日虽少与人交际，身边友人甚少，但他待人以诚，不攻心计，凡是他的好友，他皆以真心待之，不藏私，不利用，所以他的朋友也会真心待他。明珠身边虽党羽众多，但或是为借他的身份得好处的利益之交，或是不明真相被他骗为己用之人，这种人即使人数再多，也不可能真正成为他的得力助手和心腹，大难临头之即，他们也会扔下他不管。

做任何事情之前，先算计自己的得失，对自己有利才去做，对自己不利则不做，这是一种功利心。这种功利心无论在古代还是现代都十分常见。在古代，一些人报着“书中自有黄金屋”的目的去读书，虽然中举为官，最后却都成了贪官，不得善终。在现代，一些人报着增加人脉资源或在对方身上取得好处的目的去对人友善，热情主动，一旦被人发现，不但目的达不到，自己的声誉也毁了。

功利心不等同于上进心，上进心能够使人进步，功利心却只会使人陷入无尽的深渊，沉浸在对功名利禄的渴求中，难以得到满足。急功近利的人不会用心考虑如何将工作做好，只会考虑如何让自己最快地得到最多的利益。没有功利心的人不会邀功，只会踏实本分地做好份内之事，图一个问心无愧。

功利心重的人急于快速将自己的付出变为回报，所以他们喜欢邀功，一旦完成了什么事情就立刻向人炫耀，生怕别人不知道自己做过这件事。然而在君王面前，主动邀功并不是件明智之举。对方若是昏君，会认为邀功之人是在有意讽刺自己有眼无珠，不能明察臣子的贡献，进而大怒。对方若是明君，则会认为此人性情浮躁，不宜重用。

陈廷敬从不炫耀自己的功劳，归根结底，是因为他没有功利心。陈廷敬为官五十年有余，兢兢业业地工作，从来没有计较过自己的得失，没有衡量过自己的付出与收到的回报是否成正比。他从不向康熙邀功，康熙却从未忽略他所做的一切，常有赏赐给他，有些是因为欣赏陈廷敬出色的才学，有些是因为欣赏陈廷敬高洁的人品。

康熙知道陈廷敬不爱财，但出于制度，金银的赏赐也不可少。康熙还多次赐字和牌匾给陈廷敬，例如陈廷敬住所“点翰堂”和“清立堂”的匾额便都是康熙亲笔所赐。此外，康熙还对陈廷敬多次进行加封，最早是文林郎，之后有奉正大夫、通议大夫、资政大夫等，最高时封他到光禄大夫。

除了对官员本人进行加封外，清朝历代还有对官员家人进行封赠的制度，即将由朝廷颁发的名号封赠给官员的先人或妻室。其中封针对的是生者，赠针对的是死者。这种制度与官员的品级有关，虽然并无实际意义，却显示了皇帝对官员的重视和优待。不但先人和妻室可享御赐名号，其子孙后代也可享有这一名号的特权。

清代的封赠包括诰命和敕命两种：五品以上官员及世爵承袭罔替者可封赠为诰命，六品以下官员及世爵有袭次者可封赠为敕命。此外，官员官位的高低也决定其可被封赠家人的身份：七品至四品的官员可封赠至父母和妻子，三品、二品的官员可封赠至祖父母，一品的官员则可封赠至太祖父母。至于发给诰命和敕命的文书也有规定：发给诰命的为一品四轴，二品三品三轴，四品五品二轴；发给敕命的为六品七品二轴，八品九品一轴。

随着陈廷敬的官级不断提高，陈家受到封赠的人也越来越多。在陈廷敬任大学士时，他的曾祖陈三乐、祖父陈经济、祖母范氏、父亲陈昌期、母亲张氏都受到了封赠。

康熙对陈廷敬的重视不但取决于他的真才实学，也取决于他的鞠躬尽瘁却从不宣扬，才华满腹却从不张扬。若不是他能一直保持低调稳重的心态，没有功利心，康熙也不会对他所提建议完全信任。做人，就当如此。切不可取得一点成就就内心膨胀，失去沉稳，四处邀功，最后反让自己跌得惨重。

功成身退留清名

笔者问曰：人在无力继续曾有的辉煌时应该如何做？

陈廷敬答曰：躬身退幕后，不应图虚名。

做一天好人易，而做一世好人难；做一年清官易，而做一世清官难。都说万事开头难，其实最难的不在开始，而在坚持。世上的诱惑那么多，能抵御所有的诱惑，在污浊的环境中能够一直洁身自好，最后留得清白在人间，才是真正的成功。

陈廷敬一生谨慎，严格要求自己。都说常在河边走，哪有不湿鞋，可他在官场行走几十年，接触过太多贪官污吏，自己的身上却没有沾过一点不干净。他极力反贪治贪，恨他的官员不在少数，却也没有人能够集结党羽上书弹劾他，更没有人能动摇他在朝中的地位。单从这一点上来看，他就必有寻常人没有之才。

人们常说能者多劳，认为能力强的人就应该被赋予重任，才不枉上天赐给他的才能。陈廷敬的能力世人有目共睹，且他为人清廉公正，不存私心，不结党派，既不需要担心他的势力过大，谋权篡位，也不需要担心他功高盖主，削弱皇权。所以，康熙总能放心地升陈廷敬的职，并把许多重要的事情交给他。

随着陈廷敬在朝为官的时间越来越长，康熙对他越发器重，也越发依赖。然而生老病死是人之常情，陈廷敬的年龄越来越长，身体状况也渐渐变得越来越差，对于朝中之事，时常心有余而力不足，但是考虑到朝廷需要他，康熙也需要他，他还是准备撑到规定的退休年龄再退出官场。

清代学者梁章钜在《退庵随笔》里写道：“古人以四十为强仕之始，以五十为服官政之年，以七十为致仕之期。”“致仕”便是如今所说的退休。古人认为，人到了 70 岁后，身体变得虚弱，智力和精力都发生了很大的退化，即使继续为官，也无法尽职尽责，所以将 70 岁定为文官退休的年龄，并规定，到龄不肯致仕者可被其他官员弹劾，即使皇帝要求官员继续留任，官员也要上奏请辞。

就这样，陈廷敬又坚持了数年。直到康熙四十六年（1707 年），他年满 70 岁，引了古稀之年，也终于到了退休的年纪。陈廷敬的儿子在家中为他办了寿宴，朝中大臣们得知后，纷纷前去给他祝寿，并给他写贺寿诗词。陈廷敬度过了一个热闹的生日后，便将写好的奏折呈给康熙，提出自己已到古稀，理应致仕。

康熙虽然知道陈廷敬年事已高，理应退出官场安享晚年，可他也实在不舍得让陈廷敬就这样离开朝廷。何况朝中也确实再没有如陈廷敬这般德学兼备，一心为国，又能让自己完全信赖之人。所以，康熙拒绝了陈廷敬的请辞。

在以往一些朝代，一些元老贪恋在职时受到的待遇，所以即使到了致仕之年，也不愿离去。碍于制度，他们会假意请辞，试探皇帝的反应。一旦皇帝表示出挽留之意，他们就会借机留下，凭借自己一直以来的地位，继续养尊处优，享受为官的待遇，却不再用心为朝廷办事。由于他们也曾为朝廷效力，有过功绩，有些甚至是开国功臣，身份不同旁人，所以一般无人敢将他们此行为上奏给皇帝。何况，皇帝也并非不知他们的行为，既然连皇帝都保护他们，其他人又能如何。

同样是元老，陈廷敬却与他们恰恰相反，他不担心自己的处境会变差，反而担心自己虚居其位而无法谋其事。对于陈廷敬而言，在其位从其政才是自己应该做的，他不允许自己明明已经无力为朝廷效力，却又享受着朝廷的高额俸禄和各种优待，浪费朝廷资源。若真如此，他必定会感到愧疚，寝食难安。

康熙对陈廷敬的挽留是发自内心的，陈廷敬想要致仕的愿望也是坚决的。距第一次请辞之后不到两个月，陈廷敬又一次向康熙提交了致仕的申请。这一次，康熙以“机务重地，良难其人，不必求去”的理由再次驳回了他的请辞。陈廷敬无法违背圣意，只得再次做罢。

康熙四十九年（1710年），陈廷敬和张书玉接到了主持《康熙字典》编纂的重任。在康熙心中，满朝文武官员虽多，有才学者也不少，但除了他们二人，再无别人有能力胜任此事。陈廷敬与张书玉领旨后，便从翰林院中挑选了二十八名精英学者，开始了编纂《康熙字典》的工作。期间陈廷敬第三次请辞，仍未被批准。

待到陈廷敬第四次请辞时，康熙勉强同意他“以原官致仕”，却又同时“旋有修书之命”，将陈廷敬留在了南书房。陈廷敬当时身为文渊阁大学士兼吏部尚书、经筵讲官、南书房侍值总督等职。康熙允许他“以原官致仕”，即保留他大学士的头衔及各官职，并仍由他负责原来的工作。从根本上来看，康熙还是没有允许陈廷敬致仕。

陈廷敬“以原官致仕”后，工作更加繁忙，不但要在康熙出巡期间代为处理政务，还要负责他原有的工作，去南书房值班，编辑书稿。此外，每年八月，他还要如以往一样代表康熙去祭拜孔子，这是他自从当上大学士之后，每年必须要做的事。谁知世事无常，不久之后，张书玉病逝，康熙又找不到其他合适人选，于是主持《康熙字典》编纂的重任便落在了陈廷敬一人身上。

然而，此时的陈廷敬已是74岁高龄，让如此一位文弱老者身兼多职，虽表现出了皇帝的信任，却也着实有些难为他了。陈廷敬理解康熙的难处，知道康熙身边最器重的大学士莫过于李光地、张书玉和他。如今张书玉病逝，李光地也在病中，康熙能够依赖的人只剩下他一个了。最后，他还是答应了康熙的请求。

据《养吉斋丛录》记载，陈廷敬复任大学士之后，“凡内阁章疏，列名必书予告二字”。“予告”二字的意思为“已退休的人”，陈廷敬这样写，为的是说明他已致仕，算不得朝中官员。典籍官见他虽已致仕，却仍尽大学士之职，便决定重新为他申请大学士官衔的俸禄，陈廷敬得知此事后坚决制止，认为自己若是允了，便是占国家的便宜。

陈廷敬去世前曾因身体不适无法入朝与康熙商讨国事，于是上折致歉。康熙不见陈廷敬，问其他人陈廷敬何在，温达回答：“陈廷敬偶患二便秘结，不曾来，具有折子。”康熙听闻陈廷敬之子陈壮履代父在外候命，便将其召入，对其说：“二便不通，服药难效。坐水坐汤，立刻可愈。”说罢，便令陈壮履快些回去照顾父亲，并派了一名御医同去。

康熙乃一国之君，能够对一名大臣亲传疗方，又派御医为其诊治，可见陈廷敬对他而言有多重要。陈廷敬接受了治疗，而身体仍不见好，康熙便准他在家好生休养，并时时惦记，常问御医陈廷敬状况如何，且不时派人送些补养之物，还特意嘱咐不要惊扰陈廷敬，交给他的儿子便可。

陈廷敬感激皇恩，虽身在家中，却也依然关心国事，为国事操劳。他在《病中作三首》中写道：“文章图报国，只此是真诠。”

据史料记载，陈廷敬去世一周前，康熙从御医处得知陈廷敬病重，心急如焚，即刻加派御医前去取御制圣药为其诊治。当时宫中已下门禁，不得任何人出入，康熙便命人“速启城门送往陈大学士家，沿途如有拦阻者，记名回奏”。然而，皇家的药也没能挽救陈廷敬的性命。康熙五十一年（1712年）农历四月十九日，陈廷敬病故。

几次从御医口中听到不乐观的回报，康熙心里也已经明白，陈廷敬时日无多，但是他实在不愿相信这一事实。陈廷敬病故当天，康熙曾对身边其他大臣说，希望陈廷敬早些病愈，再辅佐他料理机务几年。并说："若事出意外，大臣中学问人品如大学士、可代理内庭事务者为谁？"在场所有人听后，一片沉寂。他们自知自己与陈廷敬相差甚远，也知朝中确实再无第二个陈廷敬。

陈廷敬病故当晚，康熙得知他生命垂危，御医也已无力回天后，派人前去询问山西是否有桫板。桫板是一种极为名贵的木板，可沉于水中，并且砍过之后会有香气飘散。得知山西没有桫板后，康熙便立刻赐给他一块桫板，命人用此板为陈廷敬打一副棺材。

康熙知道陈廷敬一生清廉，家无余财，不会进行厚葬，于是特意从国库中拨款为陈廷敬办丧事。难解心中悲痛，康熙还赐给陈廷敬两块碑刻，上面有他亲笔写的祭文，称赞陈廷敬"器贤厚重，品诣深纯"、"妙选词垣，文章博雅"。

康熙命三皇子允祉带着一干大臣和侍卫参加了陈廷敬的葬礼，后又加祭一次，赐陈廷敬谥号"文贞"。当陈廷敬之子准备启程将其送回故土时，康熙考虑到路途遥远，又派了官员护送他们。世人闻之，皆称赞康熙的圣明，也羡慕陈廷敬能得此殊荣。

为人当有自知之明，有力时尽全力，无力时早抽身。当感到自己在某一条路上已跑到极限，无力再向前时，与其强行坚守，不如安静离去，换一个方向行走。曾有过的辉煌，就让它停留在那里，成为历史长河中的一朵浪花。不要在人生的最后晚节不保，为得利益而强求，最后反而毁去了前半生的辉煌。

后　记

陈廷敬，一个略带神秘色彩的人物。他曾在清朝的官场中占有重要位置，也曾是康熙最为信赖甚至于依赖的人。他对清朝的发展做出了很多的贡献，然而关于他的史料却并不多。人们不禁会发出疑问，他究竟是怎样的一个人，能够让一朝君王称之为“完人”，却又如此低调。

翻遍各种史料，对于陈廷敬的记载主要有为人谨慎，为官清廉，精通经学，知人善任，以民为本，严惩贪官，整顿科举风气，钻研学术，专心修书几方面。从这些特点上看，此人似乎并没有什么独特之处，他所具备的这些特点是每朝每代的优秀官员都具备的特点。但细读其经历，并结合历史背景仔细研究之后，才发现其中的道理并不是看上去那么简单。

三岁看小，七岁看老。史书中对于陈廷敬的童年没有过多的笔墨，但却让人从几个细节上发现了他性格形成的端倪。陈家是书香世家，并且世代乐于行善，关爱百姓。陈廷敬自小学习儒家思想，并受到长辈们传统美德的熏陶，在这样的环境里，成长为一名正直不阿、心系天下的人也是很自然的事情。

惊人的天分和不懈的努力让陈廷敬迅速成长为一名青年才子，在科举考试中取得了名次，有了进入朝廷进修的机会。他的才学和品性令他先后得到两位皇帝的赏识，尤其是康熙对他格外崇拜和尊重。

陈廷敬一生洁身自好，无论朝中局势如何动荡，他都不为所动，不与任何人同流合污，也不与任何人正面为敌，是以虽然有不少人视他为绊脚石，却也动他不得。在朝中，他先后经历了两场大的变动，一场是明索之争引发的朝局变动，一场是因被张汧案所牵连不得不主动请辞。观其结局，明索之争对陈廷敬并没有产生任何影响，而他在张汧案中的表现又令康熙更加欣赏他，并对他心存愧疚。由此可见，陈廷敬在为人处事方面有着不同常人的智慧。

在混乱中，陈廷敬总能置身事外，以客观的角度去分析事件的起因、经过和其真正的性质，也能预料到可能产生的结局。所以他才能够在大风大浪中保持安稳。虽然官场的水深不可测，他却从未翻过船。

陈廷敬懂得因时制宜，因事制宜。在治贪时，他从不手软；在治世时，他却强调仁德。陈廷敬一生曾任过多个职位，都察院、刑部、吏部和礼部都曾有涉足。无论在哪个部门，哪个职位，他都坚守着自己的原则。在其位，尽其责，忠其朝而非忠其君，心系百姓而非自己，不贪，不诓，保持中立，不结党羽。在这样的原则下，陈廷敬能够一直独善其身，令人挑不出一点毛病，也抓不到一丝把柄。

在学术方面，陈廷敬最为人所知的成就是由他组织编撰的

《康熙字典》，但除此之外，他的经学著作、文学著作，以及各种类型的文章也有许多。在经学著作中，他对儒家经典进行了新的诠释，令人豁然开朗。在文学著作中，他创作了各种风格和内容的诗词，写了许多意义深刻的文章。

终其一生，陈廷敬是位智者、学者，也是位贤者。无论是做学问还是做人，他都有太多值得我们学习的地方。